So geht's!

FRIEDEN

FÜR KIDS ERKLÄRT

Penguin Random House

Verlagsleitung Monika Schlitzer
Programmleitung Heike Faßbender
Projektbetreuung Natalie Capalija
Herstellungsleitung Dorothee Whittaker
Herstellungskoordination Katharina Schäfer
Herstellung Sophie Schiela

1. Auflage, 2023

Layout, Satz und Gestaltung Christine Paxmann
Text Patrick Oelze und Christine Paxmann
Lektorat Christiane Schwabbaur

ISBN 978-3-8310-4679-9

Druck und Bindung TBB, a.s., Slowakei

FSC www.fsc.org MIX Papier | Fördert gute Waldnutzung FSC® C022120

www.dk-verlag.de

So geht's!

FRIEDEN

FÜR KIDS ERKLÄRT

DK

INHALT

Vorwort	6
Familie Strudel will helfen	8
„Der hat angefangen!“	10
Wenn Worte treffen: Mobbing	12
Wie entschuldigt man sich?	14
Verzeihen, vergeben, versöhnen	16
Wie geht gutes Streiten?	18
Was ist ein Kompromiss?	20
Was ist einen Streit wert?	22
Freundlichkeit hilft	24
Friedlicher Protest	26
Wenn man Gewalt erlebt	28
Der Schutz der Gruppe	30
Die Rechte der Kinder	32
Was ist ein Rechtsstaat?	34
Wer regelt eigentlich was?	36
Die Kunst der Diplomatie	38
Wenn Staaten streiten	40
Wie kommt es zum Krieg?	42
Warum gibt es das Militär?	44
Waffen Ja oder Nein?	46
Was ist eigentlich Frieden?	48
Weltfrieden wahren	50
Mit vereinten Kräften	52
Friedensbotschafter	54
Berühmte Friedensverträge	56
Die Friedensbewegung	58
Sozialer Frieden	60
Religionen & Frieden	62
Meilensteine des Friedens	64
Der Friedensnobelpreis	66
Ein Zeichen setzen	68
Weltfrieden und Klima	70
Was für den Frieden tun	72
Frieden durch Siegen	74
Ein friedliches Fest	76
Glossar	78
Register	79

WORTE ZUM FRIEDEN

Der Friede muss gestiftet werden, er kommt nicht von selber.
Immanuel Kant,
Philosoph, 1724–1804

Der ungerechteste Frieden ist immer noch besser als der gerechteste Krieg.
Marcus Tullius Cicero,
Philosoph, 106–43 v. Chr.

Über den Frieden sprechen heißt ja über etwas sprechen, das es nicht gibt.
Astrid Lindgren,
Schriftstellerin, 1907-2002

Es gibt keinen Weg zum Frieden, denn Frieden ist der Weg.
Mahatma Gandhi,
Rechtsanwalt, 1869–1948

Nur aus dem Frieden zwischen zweien und dreien kann der große Friede einmal erwachsen, auf den wir hoffen.
Dietrich Bonhoeffer,
Theologe, 1906–1945

Der Friede ist ein Baum, der eines langen Wachstums bedarf.
Antoine de Saint-Exupéry,
Schriftsteller, 1900–1944

Im längsten Frieden spricht der Mensch nicht so viel Unsinn und Unwahrheit wie im kürzesten Krieg.
Jean Paul, Schriftsteller,
1763–1825

LIEBE FREUNDINNEN UND FREUNDE DES FRIEDENS,

Frieden ist ein feines Wort. Es klingt weich und nach Vanille, nach dicken duftenden Kissen, nach Sommer oder Kuschelwinter und nach Mama und Papa, nach dem Haustier oder dem Stofftier in der Nähe. Es fühlt sich richtig an. Und es ist auch absolut richtig. Leider scheinen das aber nicht immer alle zu kapieren. Denn Unfrieden ist auf der Welt, seit es Menschen gibt. Entweder hat man sich um ein Stück Mammutfleisch gestritten oder um den Zugang zu Wasser und Gold, um Handelswege oder im Namen der Religionen. Und manchmal streitet man sich sogar nur um einen bellenden Hund oder einen Apfelbaum, der seine süßen Früchte in den falschen Garten plumpsen lässt.

Unfrieden ist menschlich. Er entsteht, wenn Menschen verschiedene Vorstellungen haben von der Verteilung der Welt, der Verteilung von Land, von Macht oder von Gefühlen. Ja, Krieg hat oft auch etwas mit Gefühlen zu tun. Vielleicht, weil sie verletzt wurden, oder weil diejenigen, die an der Macht sind, eine Mordswut im Bauch haben. Mordswut drückt es schon aus: Es entsteht Mord und Totschlag, vor allem, wenn eine Gemeinschaft nicht mitbestimmen darf und wenn sie Herrschenden ausgeliefert ist.

Was heißt das? Ein großer Schritt zum Frieden war die Demokratisierung der Welt. Hinter dem komplizierten Wort versteckt sich etwas Großartiges: Eine unantastbare Menschenwürde, Mitspracherecht, Freiheit und gleiche Rechte für alle. Und noch etwas kommt hinzu: Menschen bilden Bündnisse, die sie im Falle eines Unfriedens dazu bringen, miteinander zu verhandeln, sich gegenseitig zu helfen und das Wohl aller im Auge zu behalten. Das ist eine Errungenschaft, die man jeden Tag feiern sollte.

Leider sind noch nicht alle Menschen so weit, aber Frieden ist eben auch Arbeit. Er kommt nicht einfach so, sondern muss mit vielen Verträgen, Verhandlungen und einer Riesenportion gutem Willen geschaffen werden. Jeden Tag und von uns allen, also auch von euch!

Was alles passieren kann, dass es kracht, und was alles sein muss, damit es gar nicht erst dazu kommt, das versuchen wir in diesem Buch zu beschreiben. Keine Angst, was sich jetzt nach einem „dicken Brett“ anhört, haben wir, Christine und Patrick, in vielen Beispielen beschrieben. Wir haben die Familie Strudel mit an Bord, die im Kleinen, also im Zuhause, aufzeigt, was im Großen, also der Welt, passieren kann.

Wer das Buch *Demokratie für Kids* gelesen hat, kennt die Familie Strudel bereits. Für alle anderen hier eine kurze Vorstellung:
Mama und Papa Strudel leben in einer mittelgroßen Stadt und haben drei Kinder: Leon (8), Jana (12) und Anna (19). Papa Strudel arbeitet im Rathaus, Mama Strudel in einer großen Firma. Leon und Jana gehen zur Schule, Anna studiert schon. Ziemlich häufig kommen Oma und Opa vorbei, die Eltern von Papa Strudel. Sie sind schon in Rente und haben Zeit, sich um ihre Enkel zu kümmern. Alle führen im Großen und Ganzen ein ziemlich friedliches Leben. Dass das nicht für alle Menschen gilt, erkennen sie, als sie zwei Flüchtende bei sich aufnehmen, die aus einem Land gekommen sind, in dem Krieg herrscht: Oleg und seine Mama Oksana, zusammen mit ihrem Hund.
Oleg und Oksana müssen nun eine neue Sprache lernen und sind sehr traurig. Denn Olegs Papa ist in dem Land geblieben, in dem Krieg herrscht, und er muss es gegen die Angreifer verteidigen.
Die ganze Familie Strudel merkt recht schnell, was für ein ungeheures Glück es ist, in einem sicheren Land zu leben. Aber auch, dass das nicht selbstverständlich ist. Und dass jede Bürgerin und jeder Bürger, ob jung oder alt, immer achtsam sein muss, damit die Welt friedlich bleibt. Streit ist schnell da. Ihn zu befrieden, ist deutlich schwieriger – aber dennoch machbar.

Wir wünschen euch, dass ihr neugierig auf den Weg zum Frieden seid und wir euch ein paar neue Dinge berichten können, die den Alltag, aber auch die Welt, friedlicher machen können.
Vielleicht, wer weiß, seid ihr die geborenen Streitschlichter*innen oder die zukünftigen Friedensforscher*innen? Vielleicht findet ihr aber auch Wege, mit Streithanseln und Wutpinseln, mit Krawallnudeln und Dramaqueens umzugehen? Denn Unfrieden gibt es in der kleinsten Hütte, daheim, im Sportverein, in der Klasse oder in der Nachbarschaft. Super gut, wenn man weiß, wie man alle wieder auf den Teppich bringt. Und dabei alle ihr Gesicht wahren. Was das schon wieder heißt? Lest doch einfach mal drauflos. Ob wild durcheinander oder hintereinanderweg, ist völlig egal. Frieden besteht aus lauter kleinen Puzzleteilen, und eine Menge davon verstecken sich in diesem Buch.

Wir heißen euch willkommen im Club des Friedens,
eure Christine und euer Patrick
und das ganze Team vom Dorling Kindersley Verlag

FAMILIE STRUDEL WILL HELFEN

Wieso soll ausgerechnet ich mein Zimmer hergeben, soll doch Leon ausziehen!" Jana regt sich ziemlich auf. Papa Strudel hebt die rechte Hand und formt mit Zeigefinger und Mittelfinger ein V.
„Gaaanz ruhig bleiben, da finden wir sicher eine Lösung. Ihr beiden Mädels könnt gut in einem Zimmer sein, ihr versteht euch doch auch sonst sehr gut. Dein Bruder braucht gerade ein wenig Ruhe." Leon verdreht die Augen und möchte schon was sagen, aber seine Schwester ist schneller. „Ich seh ja ein, dass die alle Hilfe brauchen, aber uns gibt es ja auch noch!"
Mama zieht die Augenbrauen hoch. „Es gibt Situationen, da muss man seine eigenen Wünsche zurückstellen. Wir wollen helfen, und das tun wir auch."

Ukrainekrieg

Am 24. Februar 2022 hat der russische Präsident Wladimir Putin befohlen, sein Nachbarland, die Ukraine, anzugreifen. Die Menschen in der Ukraine waren entsetzt, auch sehr viele andere Länder dieser Welt. Es startete eine Welle der Hilfsbereitschaft für die Ukraine. Flüchtende wurden aufgenommen, ja sogar Waffen wurden geliefert, damit sich das Land verteidigen kann. Damit endete eine lange, weitgehend friedliche Zeit in Europa. Nun bemühen sich viele, dass sich der Krieg nicht ausweitet und die Ukrainer wieder frei und in Frieden leben können.

HELFEN IST GAR NICHT SO EINFACH

„So was nennt man Solidarität, ihr verwöhnten Mäuse", sagt Anna. „Stellt euch mal vor, ihr müsstet von einem Tag zum nächsten euer Zuhause verlassen und nicht nur euer Zimmer? Da möchte ich eure Gesichter sehen."
Jana und Leon gucken etwas betreten.
„Und wer kommt da jetzt zu uns? Können wir jemanden nehmen, der so alt ist wie ich, einen Jungen? Denn Frauen gibt's ja hier schon genug!", trumpft Leon auf. Papa klopft ihm mit einem Augenzwinkern auf die Schulter. „Da hast du recht!"
Dafür erntet er von Mama einen ironischen Blick. Irgendwie läuft es nicht rund, obwohl alle helfen wollen.

WER KOMMT DENN DA?

Papa hat Kontakt zu den Hilfsorganisationen aufgenommen, die Geflüchtete am Bahnhof empfangen. Dort trifft er eine Mutter und ihren 9-jährigen Jungen. Sie haben einen kleinen Hund dabei. Der Junge hat Sorge, dass der Hund nicht mit zur neuen Gastfamilie darf und lässt ihn nicht aus den Augen. Er und seine Mama waren 12 Tage auf der Flucht. Und sie wünschen sich nichts sehnlicher zurück als den Frieden.

Papa Nico

Mama Laura

MITEINANDER AUSKOMMEN

Papa meint: „Wäre das nicht eine schöne Geste, wenn wir die drei aufnehmen? Ihr Kinder schafft es sicher, den Jungen beim Einleben zu unterstützen und gegen einen kleinen Hund hat ja wohl niemand was." Janas Augen leuchten auf. „Ein Hund! Oh, Papa, ja!" Vergessen sind die Streitereien ums Zimmer. Alle freuen sich, die neuen Gäste willkommen zu heißen. Als die drei ankommen, wird schnell klar: Es ist ganz schön schwierig, miteinander zu reden, wenn man nicht dieselbe Sprache spricht.

Außerdem haben die neuen Gäste viele Ängste. Mama nennt es Trauma. Der kleine Hund, Kolja, ist sehr verängstigt und macht sofort auf den Teppich. Der Junge, Oleg, hat Bauchschmerzen und seine Mutter, Oksana, ist sehr traurig. Ihr Mann, Olegs Vater, ist zurückgeblieben, um das Land zu verteidigen.
Alle werden sich anstrengen müssen, um miteinander klarzukommen. Zu helfen und Hilfe anzunehmen ist manchmal gar nicht so einfach.

Solidarität

Das Wort stammt aus dem Lateinischen, wo es „echt, fest" bedeutet. Heute wird es verwendet, wenn der Zusammenhalt zwischen zwei oder mehreren Parteien bezeichnet wird. Im Ukrainekrieg zum Beispiel verhalten sich fast alle Länder Europas und die USA solidarisch mit der Ukraine und unterstützen sie.

Das V-Zeichen

Mittel- und Zeigefinger zum V gestreckt, ergibt das sogenannte Victory- oder Siegeszeichen. Heute wird es auch häufig als Peace- oder Friedenszeichen verwendet. Allerdings hat es in vielen Ländern auch eine beleidigende Bedeutung. Die Taube mit dem Ölzweig wird hingegen überall auf der Welt als Friedenszeichen verstanden.

Trauma

Unter Trauma versteht man eine psychische Ausnahmesituation, die ausgelöst wird durch ein überwältigendes, schlimmes Ereignis, wie Krieg, Gewalt oder eine Katastrophe.

BILDER IM KOPF

Am Abend geht es Oleg schon viel besser. Leon hat ihn mit zum Fußballspielen genommen. Die beiden Mütter versuchen mit einem Übersetzungsprogramm auf dem Handy miteinander zu sprechen. Dabei kommt heraus, dass Oksana und Oleg furchtbare Sachen gesehen haben. Mama versucht, ihr Halt zu geben, auch wenn sie sich kaum vorstellen kann, was die Familie durchgemacht hat.

Oleg und seine Mutter

„DER HAT ANGEFANGEN!“

Papa, Mama, ihr müsst uns helfen, der Fritz war total gemein zu Oleg!“ Die ganze Familie Strudel sitzt bereits beim Abendessen. Alle kriegen mit, wie aufgeregt die Jungs sind. Leon erzählt, dass Fritz Kleinschmidt beim Fußballspielen blöde Bemerkungen über den Krieg gemacht hat. „Ich hab Oleg verteidigt, er kann ja noch nicht unsere Sprache, und dann hat der Fritz mich geschubst!“

Papa Strudel bläst hörbar die Luft aus. Und Anna sagt: „Ein Klassiker beim Streiten! Es gibt zwei Meinungen und die Situation eskaliert!“
„Was tut sie?“, fragt Leon.
„Eskalieren heißt, die Situation spitzt sich zu. Oft ist es in solchen Augenblicken nicht mehr möglich, miteinander zu reden. Dann braucht man eine Streitschlichtung“, erklärt Anna.

Streit schlichten

Bereits für den Kindergarten gibt es heute Anleitungen zur Streitschlichtung. Einmal gelernt, helfen sie ein Leben lang beim Lösen von Konflikten.

Dabei werden folgende Werte vermittelt:
- Ablehnen von körperlicher Gewalt
- Stärkung der Sprach- und Sprechfähigkeit
- Stärkung des Gemeinschaftsgefühls
- Selbstwahrnehmung
- kindgemäße Formen, einen Streit beizulegen

Dabei hilft:
- ein ruhiger Raum, Stuhlkreis, freundliche Begrüßung usw.
- Die Beteiligten stellen den Streitfall dar, ohne die Schilderung der Gegenseite zu bewerten.
- Warum ist etwas passiert? Die Hintergründe des Streits werden von den Beteiligten beschrieben – ebenfalls ohne Bewertung.

Was kann unternommen werden?
- Ideen zur Lösung werden entwickelt. Eine Lösung wird erarbeitet.
- Alle stimmen zu oder es wird abschließend eine Vereinbarung von allen unterschrieben.

EIN STREIT IST NICHT GLEICH VERGESSEN

„Ja, das ist oft eine Spirale. Es passiert etwas Ungerechtes, daraufhin entsteht Wut, und aus Wut wird im schlimmsten Fall Hass“, sagt Mama.
„Wir haben an der Uni eine Streitschlichtstelle, da helfen Coaches in verfahrenen Situationen. Wie habt ihr es gelöst?“, fragt Anna.
„Die Lehrerin ist dazwischengegangen und hat sich beide Seiten angehört. Im Anschluss haben wir darüber geredet, was Streit auslöst und wie man ihn wieder beilegen kann. Es hat nur so mittelgut geklappt. Der Fritz hat einfach nichts eingesehen, dieser Depp!“
Leon ist noch wütend. Oleg hat sich zurückgezogen. Obwohl er kaum ein Wort versteht, spürt er die Wut.

FRIEDEN ZUM SINGEN

„Manchmal hilft Musik", sagt Anna und lässt von ihrer Playlist *Imagine* von John Lennon ertönen. Jana will lieber *Another Love* von Tom Odell hören und Oma singt ganz laut: „Freude, schöner Götterfunken!" Papa schmunzelt, als er Olegs Lächeln sieht, und sogar Oksana stimmt ein.
„Vielleicht solltet ihr morgen in der Schule einfach mal eine Weile Musik machen – das entspannt und stärkt das Gemeinschaftsgefühl", sagt Papa und holt seine Geige hervor.
„Nein", rufen alle Kinder, „bitte nicht die Geige, du spielst unerträglich."
Papa tut entrüstet: „Ich dachte, zur Deeskalation wäre das gut!"
„Was ist denn das schon wieder?", fragt Leon.
„Deeskalation heißt: Jetzt mal alle schön beruhigen und tief durchatmen", antwortet Anna sanft und hält die Handflächen nach oben.

Eine böse Spirale

Läuft ein Streit aus dem Ruder, dann werden Wut, Hass und Unverständnis immer größer. Eins führt zum nächsten und manche Menschen werden dann sogar handgreiflich. Das nennt man eine Gewaltspirale.
Wenn zwei Länder sich streiten, passiert oft dasselbe, wie wenn zwei Menschen sich streiten. Erst werden böse Worte ausgetauscht. Jedes Land beschuldigt das andere, mit dem Streit angefangen zu haben. Nicht selten kommen sogar Waffen zum Einsatz. Ein Land greift an, das andere muss sich verteidigen. Es kommt zum Krieg. Dann wird es wirklich kompliziert. Frieden wiederherzustellen, ist ein Kraftakt.

Musik für den Frieden

John Lennon von den Beatles komponierte und sang 1971 den Song *Imagine*, eine Hymne für den Frieden. *Ode an die Freude* (1824) von Ludwig van Beethoven ist seit 1985 die offizielle Europahymne. Der Singer-Songwriter Tom Odell schrieb 2013 sein Lied *Another Love* eigentlich aus Liebeskummer – doch dann wurde es 2022 das Friedenslied für die Ukraine.

Die Beatles

WENN WORTE TREFFEN: MOBBING

Anna schüttelt energisch den Kopf und sagt: „Ich werde ganz sicher nicht euren Kram aufräumen, das könnt ihr selber machen! Ihr seid ja sonst auch für alles groß genug!"
Jana faucht ihre Schwester an: „Das ist Mobbing!"
Papa Strudel kratzt sich am Kopf. „Also, Mobbing ist, wenn jemand anhaltend jemand anderen kränkt, verspottet oder mies behandelt! Aber das trifft auf Annas Verhalten ja nun wirklich nicht zu."
Leon nickt kleinlaut. „Stimmt, das hat unsere Lehrerin auch so erklärt, nachdem der Fritz so viele Kinder blöd angemacht hat. Gerade haben wir in der Schule die Themenwoche Mobbing."

Mobbing

Man spricht von Mobbing, wenn ein oder mehrere Menschen einem anderen nachstellen, ihn oder sie immer wieder bloßstellen und drangsalieren. Das kann körperlich sein oder nur mit Worten. In den letzten zehn Jahren ist auch Cybermobbing, also Mobbing im Internet, zu einer schlimmen Form von Gewalt geworden. Viele Menschen sagen in sozialen Netzwerken Sachen, die sehr verletzend für andere sind. Nachstellungen in der Schule, im Netz oder im Beruf machen körperlich krank und lösen bei den Betroffenen Ängste, Zorn, Hass und Ohnmacht aus.

Streit

Im Gegensatz zum Mobbing ist offen ausgetragener Streit oft sogar reinigend. Man spricht von Streitkultur, wenn sich Menschen konstruktiv, also sinnvoll, streiten können. Im besten Fall suchen beide Parteien nach Lösungen.

STREIT ODER MOBBING?

Jana ist immer noch auf Krawall gebürstet. „Das ist so gemein von dir, Anna, nur weil du schon studierst, willst du uns unterdrücken!"
„Ich würde sagen, das ist ein ganz normaler Streit unter Geschwistern, trotzdem müssen wir darüber reden", sagt Papa.
Anna fügt hinzu: „Es stimmt schon, beim Mobbing ist immer eine Person die vermeintlich Stärkere. Entweder, weil sie wirklich körperlich kräftiger ist oder weil sie kein Gewissen hat. Beim Mobbing will ein Mensch den anderen klein machen. Aber genau das möchte ich nicht: Ich will, dass ihr Verantwortung übernehmt. Das ist etwas komplett anderes."
Leon guckt traurig und meint: „Da hat Anna recht, denn eigentlich haben ja wir was verbockt!"
Jetzt flippt Jana erst recht aus: „Haltet nur zusammen! Ihr mobbt mich beide!" Anna hebt entschuldigend die Hände.
Papa bleibt ganz ruhig und schlägt vor: „Ich glaube, wir sollten mal ein paar Begriffe klären!"

SCHÄMT EUCH!

Mama Strudel hat die ganze Zeit mit zugehört, dann sagt sie: „Eigentlich solltet ihr euch schämen, hier so ein Fass aufzumachen. Euer Krempel liegt immer noch rum. Und wenn ihr nicht auf Anna hören wollt, dann kommt eben von mir die Ansage: Aufräumen! Papa Strudel lächelt. „Seht ihr, es gibt verschiedene Ursachen für Streit: Jemand fühlt sich ungerecht behandelt. Ein anderer kommt hinzu und ergreift Partei. Zwei stellen sich gegen einen. Oder eine hat sich total verrannt in ihrem Zorn und kommt da nicht mehr raus. Dann muss man derjenigen helfen, sich zu beruhigen, ohne dass die Person das Gesicht verliert."

Scham – wichtig und doch oft gefährlich

Scham zu empfinden ist angeboren. Nach außen sichtbare Zeichen sind das Erröten, Augen niederschlagen und Hände vors Gesicht halten. Es gibt gute und böse Scham. Gute Scham schützt uns vor gefährlichen Situationen. Zum Beispiel wäre es nicht gut, wenn wir uns einfach mitten in der Stadt nackt ausziehen.
Böse Scham bringt uns in schlimme Konflikte. Das Schamempfinden jedes Menschen wird im Lauf seines Lebens individuell geformt. Wer wenig elterliche Liebe oder kein liebevolles Umfeld erfahren hat, ist anfälliger für Scham. Wer viel Ungerechtigkeit erlebt hat, bei dem kann sich die Scham in Aggression umwandeln. Viele Menschen, die Mobbing betreiben, haben eine schlimme Schambiografie und sind selbst oft „Opfer" gewesen.
Es ist wichtig, über Scham zu sprechen. Manchmal ist Scham heilsam, manchmal macht sie krank. Gespräche mit Eltern, Lehrer*innen und Fachleuten können helfen.

Schlichten und versöhnen

Ein guter Anfang nach einem Streit ist die Versöhnung. Eine Person kann die andere um Entschuldigung bitten oder beide räumen Fehler ein und versuchen es in Zukunft besser zu machen.
In einem bösen Streit endet alles im Chaos, niemand hat recht und alle sind maximal unzufrieden. Da braucht es dann manchmal eine Streitschlichtung, die ohne Schuld zuzuweisen alle wieder auf den Teppich bringt.
Läuft ein Streit schlecht, dann werden Wut, Hass und Unverständnis immer größer. Ein Wort gibt das andere und manche Menschen werden dann womöglich handgreiflich.

Wenn zwei sich streiten …

… freut sich der Dritte. Menschen, die sich streiten, stecken in ihrer Streitblase fest. Das Beispiel stammt aus dem Tierreich: Zwei Tiere streiten sich um die Beute und lassen diese völlig aus den Augen. Ein drittes Tier kann sich in aller Ruhe bedienen.

WIE ENTSCHULDIGT MAN SICH?

Was ist eigentlich so schwer daran, sich zu entschuldigen?", fragt Leon beim Abendessen. „Der Fritz soll sich bei den anderen Kindern entschuldigen, aber er ist so bockig. Und die Klasse bleibt stur. Das ist alles total festgefahren." Leon ist ganz aufgewühlt. Papa erinnert ihn an den Streit im letzten Winter. „Weißt du noch, als Jana mit Schneeschippen dran war, es aber nicht gemacht hat? Dann musstest du ran und hast Jana vor Wut eine Ladung Schnee in die Schultasche gekippt. Jeder von euch hat Mist gebaut und jeder hätte sich entschuldigen müssen. Stattdessen habt ihr so gestritten, dass wir eingreifen mussten. Das mit dem Entschuldigen ist also nicht so einfach." Leon und Jana werden rot, das Ganze ist ihnen heute peinlich.

VERANTWORTUNG

Opa erzählt von einem Beispiel, das ihm noch ein bisschen nachgeht: „Erinnert ihr euch, als ich fest versprochen hatte, mit Leon an seinem Geburtstag ins Kino zu gehen, und es dann keine Tickets mehr gab?" Leon grinst: „Ja, an dem Tag kam der Film raus und du wolltest extra früh dort sein und hast dann komplett die Zeit vergessen." Opa wuschelt Leon durch die Haare: „Ganz genau. Und was ist dann passiert?" „Du hast dich hundertmal entschuldigt und mir den größten Eisbecher meines Lebens spendiert." Mama erinnert sich noch gut an Leons verschmiertes Gesicht beim Heimkommen. „Opa hat sich also entschuldigt und Verantwortung übernommen."

Kniefall Willy Brandt

Es ist eine der berühmtesten Entschuldigungen der Geschichte: Willy Brandt besuchte 1970 als westdeutscher Bundeskanzler die polnische Hauptstadt Warschau, die im Zweiten Weltkrieg stark zerstört worden war. Als er einen Kranz an einem Denkmal für die Warschauer Juden niederlegte, die 1943 einen tapferen Aufstand gegen die Deutschen versucht hatten, sank er auf die Knie. Damit wollte er für die Verbrechen der Deutschen während des Krieges um Verzeihung bitten. Er machte das stellvertretend in seiner Rolle als Staatsoberhaupt, ohne eigene Schuld, denn er selbst hatte gegen die Nationalsozialisten gearbeitet.

Streitschlichter*innen

Wenn zwei sich streiten, brauchen sie oft eine dritte Person, um den Streit beenden zu können. Solche Streitschlichter*innen gibt es überall. Manche heißen Mediator*innen und kümmern sich um Streitigkeiten zwischen Paaren, Kolleg*innen oder Nachbar*innen. Manchmal wird mit einem sogenannten Schiedsgericht versucht, eine Lösung zu finden, bevor ein Streit wirklich von einem staatlichen Gericht entschieden werden muss. Auch zwischen Staaten, die sich im Krieg befinden, werden bei Verhandlungen Vermittler*innen eingesetzt. Entscheidend ist, dass sie zu keiner von beiden Parteien gehören. Sie können nur aktiv werden, wenn beide Seiten zugestimmt haben.

Wie geht entschuldigen richtig?

Sich richtig zu entschuldigen, ist nicht so einfach. Manchmal genügt ein ehrliches „Entschuldige, bitte“. Bei einer größeren Verletzung muss man sich mehr Mühe geben, sonst bleibt die Kränkung bestehen. Wenn unser Gegenüber das Gefühl hat, wir meinen es nicht ernst, wird die Entschuldigung nicht angenommen. Wer sich aufrichtig entschuldigen will, sollte keine Ausreden suchen. Man muss die Verantwortung übernehmen und deutlich zeigen, dass es einem wirklich leid tut. Es kann auch helfen, wenn man etwas anbietet, um es wiedergutzumachen. Und man sollte so um Entschuldigung bitten, dass das Gegenüber frei entscheiden kann, ob und wann es die Entschuldigung annehmen kann. Also bitte nicht: „Sorry, aber jetzt vertragen wir uns wieder.“

Eine richtige Entschuldigung kann nicht nur der Person guttun, gegenüber der sie ausgesprochen wird, sie ist auch heilsam für die Person, die sich entschuldigt.

Wenn einem die Worte fehlen

Sich zu entschuldigen ist manchmal ganz schön schwierig. Viele Menschen schämen sich für ihre Taten. Manche sind innerlich blockiert. Einfach „Entschuldigung“ zu sagen, ist oft eine große Überwindung. Deshalb haben sich im Laufe der Zeit einige Rituale und Gesten herausgebildet, die das Entschuldigen leichter machen.

Man kann zum Beispiel beide Hände heben mit den Handflächen nach außen – das signalisiert: Sorry, war nicht so gemeint – auf dem Fußballplatz sieht man das manchmal, wo es rau zugeht, aber Fairness wichtig ist. Man kann einen Blumenstrauß mit einer kleinen Karte dazu überreichen. Und man kann einen Brief schreiben, so richtig handschriftlich – und sehr persönlich. Wichtig ist, dass eine Entschuldigung ehrlich rüberkommt und nicht nur so „dahingesagt“ wird. Die Hände wie zum Gebet vor der Brust halten und den Kopf senken werden auch ohne Worte als Demutsgeste oder „sorry“ verstanden.

Vermittler*innen

An manchen Schulen gibt es Konfliktlotsen. Das sind Schüler und Schülerinnen, die ausgebildet sind, zwischen Streitparteien zu vermitteln. Kommt es z.B. auf dem Schulhof zu einem Konflikt, ermutigen sie dazu, miteinander zu sprechen und selbstständig eine Lösung zu finden.

VERZEIHEN, VERGEBEN, VERSÖHNEN

Leon, Anna und Jana schleichen auf Zehenspitzen durchs Haus. Es herrscht dicke Luft, die Eltern streiten sich, was ziemlich selten vorkommt. Das macht es umso schlimmer. Anscheinend hat Papa irgendwas vergessen. Aber bei Mama hört es sich an, als ob Papa *immer* etwas vergessen würde. Als die Großeltern an der Tür klingeln, erzählen die Kinder flüsternd, was passiert ist. Nur Opa lässt sich nicht die Laune verderben. „Kinder, Streit ist das Gewürz der Ehe!" Oma räuspert sich und sagt: „Man kann auch was versalzen!" Dann ruft sie laut: „Ich mach mal Spaghetti für alle. Wenn man satt ist, sehen die Dinge gleich anders aus!" Opa nickt. „Oma wird immer zum Drachen, wenn sie Hunger hat!" Oma runzelt die Stirn. Bevor die beiden jetzt auch noch anfangen zu streiten, sagt Leon: „Ich hab euch lieb!"

Verzeihen, versöhnen, vergeben

Wenn man sehr verletzt wurde, nimmt man vielleicht eine Entschuldigung an. Trotzdem kann es schwerfallen, wirklich nichts nachzutragen, also dem anderen gegenüber keine negativen Gefühle mehr zu empfinden wie Misstrauen oder Wut.
Wenn wir sagen, dass wir jemandem verzeihen oder vergeben, sind wir selbst aktiv. Wir hören uns nicht nur eine Entschuldigung an. Wir haben beschlossen, dem anderen nichts nachzutragen. Wir verzichten auf unsere berechtigte Wut und vielleicht auch auf eine Wiedergutmachung oder Entschädigung. Im Unterschied dazu versteht man unter Versöhnung meistens, dass in einem Konflikt oder Streit beide Seiten falsch gehandelt und den anderen verletzt haben. Sie müssen sich also gegenseitig verzeihen. Versöhnung und Vergebung sind große Worte, die wir nur bei schweren Verletzungen und Konflikten verwenden.

Was sagen Religionen?

Versöhnung und Vergebung spielen in vielen Religionen eine große Rolle. Bei den Christen, Juden und Muslimen zum Beispiel im Verhältnis von Gott zu den Menschen. Gott vergibt den Menschen ihre Sünden. Sünden sind Verstöße der Menschen gegen den Willen und die Gebote Gottes. Zu den Sünden gehört es auch, andere Menschen zu verletzen oder zu kränken. Im Christentum gibt es die Beichte, bei der die Menschen Gott ihre Sünden erzählen, damit er ihnen verzeiht. Dazu ist es wichtig, zu bereuen. Das, was man getan hat, muss einem ehrlich leidtun. Doch auch untereinander sollen die Menschen sich verzeihen. Das wird als Gottes Wille verstanden.

Nimm's mit Humor

Wenn wir lachen, nehmen wir die Dinge nicht mehr so ernst. Auch unser Körper reagiert positiv darauf. Deshalb kann Lachen ein gutes Mittel sein, um in einem Streit die Eskalationsspirale zu unterbrechen. Aber Vorsicht, das funktioniert nicht, wenn wir unser Gegenüber durch Witze lächerlich machen. Das erzeugt nur noch mehr Wut. Im Streit hilft nur gemeinsames Lachen. Wenn wir Humor zeigen und uns selbst mit unserem ganzen Ärger nicht so ernst nehmen, kann das der Schlüssel zur Entspannung sein.

Tschuldigung, sorry, pardon

Wenn man beispielsweise in ein Land fährt und die dortige Sprache nicht kann, sollte man sich trotzdem ein paar Wörter beibringen: Ja, nein, danke, bitte und Entschuldigung. Sich entschuldigen zu können, ist ein gutes Mittel, um Aggressionen und Missverständnisse zu vermeiden und sei es nur, weil man jemanden anrempelt.

Was sagt die Psychologie?

Auch in der Psychologie ist das Verzeihen ein wichtiger Prozess. Dabei geht es nicht darum, ob wir dadurch den Frieden zum Beispiel in einer Gruppe, in einer Familie oder zwischen Staaten wiederherstellen. Psycholog*innen interessiert, was in uns passiert, wenn wir vergeben oder verzeihen.

Oft geht es dabei um sehr schwere Verletzungen, die auch seelisch lange nachwirken (Trauma). Solche Verletzungen kann man häufig nicht allein überwinden, sondern nur mithilfe einer Therapie. In der Psychologie steht das Verzeihen daher am Ende einer längeren Auseinandersetzung mit dem, was uns passiert ist. Einig ist sich die Psychologie darin, dass ein echtes Verzeihen vor allem denjenigen hilft, die verzeihen.

WIE GEHT GUTES STREITEN?

An die Mobbing-Themenwoche schließt sich die Themenwoche „Diskutieren, aber richtig" an. „Puh", sagt Leon. Er will am liebsten, dass immer Friede, Freude, Eierkuchen ist. Diskutieren klingt schrecklich anstrengend. „Ach, wenn man ein paar Regeln beachtet, kann Diskutieren etwas sehr Kreatives sein!", schmunzelt Papa. Mama nickt: „Ja, in unserer Studienzeit war Papa der Oberdiskutierer und hat zu dem Thema auch Seminare gegeben. Er war sogar Vorsitzender des Debattierclubs!" Jana erzählt: „Wir schauen uns einen Film an, *Der Club der toten Dichter*. Unsere Lehrerin meint, das ist ein Lehrstück in Debattieren." Leon sagt: „Wir lesen *Nennt mich nicht Ismael*, darin geht es um einen Jungen, der so cool reden kann, dass sogar die größten Dumpfbacken in seiner Klasse friedlich werden!"

Regeln für gutes Streiten

Streiten will gelernt sein! Dazu sollte man einige Regeln kennen, damit ein Streit nicht so endet, dass beide Seiten sich wehtun und sich nicht einigen können. Zu diesen Regeln gehört zum Beispiel, dass man nicht übertreibt („schon Tausend Mal hast du ...") oder verallgemeinert („immer willst du ..."), wenn man den anderen oder seine Meinung kritisiert. Dass man erzählt, was das Verhalten des anderen für Gefühle bei einem selbst hervorruft. Dass man dem anderen zuhört. Dass man den anderen ausreden lässt, auch wenn er etwas sagt, was man falsch oder blöd findet. Dass man nicht gemein wird und sich lustig über den anderen macht.
Bei einem Streit geht es nicht ums Gewinnen. Man muss eine Einigung finden, die für beide ok ist. Deshalb sollte man nicht alles sagen, was einem durch den Kopf schießt. Manchmal hilft es, kurz durchzuatmen, bevor man antwortet. Wenn man merkt, dass es zu hitzig wird, kann man den Streit auch auf später verschieben. Oder man bittet jemanden, zu vermitteln.

DAS LEBEN IST EIN TAUSCHGESCHÄFT

Papa kommt erschöpft nach Hause. Er hat dem Bürgermeister mal wieder eine Rede schreiben müssen. Das war knifflig, denn Papa musste Argumente finden, warum ein Spielplatz wegkommt, damit ein Mehrgenerationenhaus gebaut werden kann. Bürgermeister*innen müssen manchmal Entscheidungen treffen, die sich nicht für alle toll anfühlen. Sie müssen zuhören, die anderen ernst nehmen und schließlich Angebote machen. „Das Leben ist ein Tauschgeschäft", sagt Papa. „Wenn etwas wegkommt, muss an anderer Stelle etwas Gleichwertiges entstehen, sonst gibt es Unfrieden in der Bevölkerung. Sowas können Bürgermeister*innen gar nicht gebrauchen. Harmonie ist wichtig."

Zoff daheim

63 Prozent der Paare streiten sich mindestens einmal im Monat. Häufigste Streitthemen zwischen Kindern und Eltern sind die Zeit am Computer, wie das Taschengeld ausgegeben wird und wie lange Jugendliche abends unterwegs sein dürfen.

Was passiert im Körper, wenn wir streiten?

Jeder kennt das: Wenn man streitet, wird einem oft heiß und man schwitzt, das Herz schlägt schneller, der Mund wird trocken, die Hände zittern. Das sind typische Reaktionen des Körpers auf Stress. Er schlägt Alarm und schüttet Hormone aus, die uns auf Angriff oder Flucht vorbereiten sollen. Wenn das ab und zu passiert, ist das nicht schlimm. Doch wer dauernd streitet, lebt ungesund, das ist wissenschaftlich erforscht.
Umgekehrt ist Freundschaft gut gegen Stress und macht gesünder. Der Körper reagiert positiv. Menschen mit guten Freundschaften leben oft länger. Auch das ist wissenschaftlich untersucht und bewiesen.

Streit ist normal

Streit gibt es überall, wo Menschen zusammen sind. In der Familie, in der Schule, bei der Arbeit usw. Er bedeutet erst mal nur, dass wir unterschiedliche Meinungen haben und dass wir das auch offen sagen. Es gibt sogar Bereiche, für die Streit notwendig ist. Eine Demokratie zum Beispiel braucht ihn. Denn wichtige Entscheidungen können nur für die Gesellschaft getroffen werden, wenn alle Argumente dazu vorgebracht wurden. Auch in der Wissenschaft ist der Streit notwendig, damit es zum Fortschritt von Erkenntnis kommt. Selbst in der Familie oder mit Freunden kann Streiten wichtig sein, wenn man nicht anders sagen kann, was man braucht oder was einen stört. Häufig allerdings ist Streit von schlechten Gefühlen begleitet: Weil uns jemand kritisiert, weil wir die Meinung des anderen für falsch oder gefährlich halten, weil der andere uns stört oder sogar bedroht. Oft wird die Sache durch den Streit selbst noch verschlimmert.

Ein und aus

Kein Scherz, wenn man am liebsten „in die Luft gehen würde“, hilft es, ruhig ein- und langsam wieder auszuatmen. Mit dieser Methode sorgt man dafür, dass der Körper sich nicht verspannt und man wieder „richtig“ denken kann.

WAS IST EIN KOMPROMISS?

Als Mama Strudel nach Hause kommt, merkt sie gleich, dass etwas im Busch ist. „Immer muss ich den Müll runterbringen und du machst nur die schönen Sachen, wie Blumen gießen. Das ist ungerecht!“ Leon hat die Fäuste geballt und brüllt seine Schwester Jana an.
„Aber du gehst doch eh mit dem Hund raus und an den Mülltonnen vorbei, wo ist das Problem?“, faucht Jana.
„Habt ihr mal darüber nachgedacht, ob ihr die Aufgaben im Haushalt umverteilen könnt?“, fragt Mama. „Man muss nur miteinander reden.“
Leon mault: „Ich sprech ja jetzt drüber!“
Mama meint: „Ja, aber der Ton macht die Musik. Du brüllst Jana an. Und du, Jana, fragst Leon erst gar nicht, ob das so für ihn passt. Deshalb die böse Stimmung. Lasst uns in Ruhe darüber diskutieren, in Ordnung?“

NEUE ORDNUNG

In der Familie Strudel wird der Familienrat einberufen. Die Eltern, die Kinder und sogar die Großeltern nehmen daran teil. Und natürlich Oleg und seine Mama Oksana. Alle dürfen zunächst sagen, welche Aufgaben im Haushalt sie gerne machen. Dabei kommt heraus, dass Opa auch mal Lust hätte, mit dem Hund Gassi zu gehen. Jana liegen die technischen Haushaltssachen. Mama kocht eigentlich gar nicht so gern, das würde aber Olegs Mama mit Freude übernehmen und Oma kann ihr zeigen, wo sie alles findet. Und so bekommen alle neue Aufgaben. Mal sehen, ob es klappt.

MITMACHEN

„Seht ihr, wenn man ruhig miteinander redet, statt sich Vorwürfe zu machen, dann kommt auch was Gutes dabei heraus!“, sagt Opa, schwenkt den Müllbeutel und Hund Kolja tippelt fröhlich hinter ihm her. Leon freut sich, dass er die Wäsche zusammenlegen kann. Oleg hilft ihm dabei. Und Jana macht sich daran, den platten Fahrradreifen von Leon zu flicken.
Papa lehnt sich schweigend zurück und lächelt zufrieden. Aber Mama Strudel meint: „Wer nichts sagt, kriegt Aufgaben zugeteilt. Wie wäre es mit Gartenarbeit?“ Papa grinst. „Ich dachte, du merkst es nicht und ich kann chillen!“ Mama lacht. „Ganz schön raffiniert, mein lieber Mann!“

Was machen Moderator*innen?

Moderator kommt vom lateinischen Wort *moderare*, was unter anderem „regeln“ bedeutet. Ein Moderator oder eine Moderatorin sorgen dafür, dass ein Gespräch oder eine Diskussion nach bestimmten Regeln verläuft: dass alle zu Wort kommen, nicht durcheinandersprechen und sich nicht beschimpfen. Deshalb nennt man auch die Menschen Moderator*innen, die im Fernsehen oder im Radio eine Sendung leiten und dort Gespräche führen. Wenn man einen Kompromiss in einem Streit sucht, können Konfliktmoderator*innen dabei helfen, dass alle vernünftig miteinander sprechen und gemeinsam eine Lösung finden.
Wenn das Gespräch stockt, können sie auch Fragen stellen oder vorschlagen, wie es weitergehen könnte.

Alle Seiten zu Wort kommen lassen

Bei Verhandlungen geht es immer darum, eine Vereinbarung zu treffen. Man redet also nicht einfach so miteinander. Man will ein gemeinsames Ergebnis. Wir alle verhandeln ständig. Mit den Eltern über die Zeit mit dem Handy. Mit der Schwester darüber, wer morgens zuerst ins Bad darf. Mit der Lehrerin über das Ziel der Klassenfahrt. Solche Verhandlungen muss man nicht vorbereiten und genaue Regeln dafür sind nicht nötig.

Anders ist es, wenn zum Beispiel Staaten miteinander verhandeln oder Unternehmen mit Gewerkschaften, die die Angestellten und Mitarbeitenden im Unternehmen vertreten. Bei großen Verhandlungen einigt man sich schon vorher über die Themen, den Ort und die Zeit der Verhandlungen sowie die Teilnehmenden. Eventuell sind Vermittler*innen nötig, die beide Seiten akzeptieren. Solche Verhandlungen können kompliziert werden und lange dauern. Ein gutes Beispiel dafür sind die Weltklimakonferenzen, in denen darüber verhandelt wird, wie die Länder der Erde Treibhausgase einsparen können. Die erste Konferenz fand 1992 statt. Einen Vertrag schlossen die Teilnehmenden jedoch zum ersten Mal 2015, also 23 Jahre später.

Runde Tische

Was macht einen runden Tisch besonders? Es gibt kein Oben und kein Unten. Jeder Platz am Tisch ist gleich wichtig. Das kann bei schwierigen Verhandlungen helfen, weil niemand sich unterlegen fühlen muss. Ein besonderer runder Tisch ist die Tafelrunde des sagenhaften britischen Königs Artus aus dem Mittelalter. In der Tafelrunde saß Artus mit seinen Rittern auf Augenhöhe, er thronte nicht über ihnen, wie es Herrscher damals eigentlich taten.

Als 1989 in vielen Staaten in Mittel- und Osteuropa die dortigen Diktaturen von den Bürger*innen gestürzt wurden, waren es runde Tische, an denen verhandelt wurde. Damit wollte man ausdrücken, dass die alten Machthaber den Bürger*innen nicht mehr überlegen waren. Diese Gespräche über die friedliche Übergabe der Macht dauerten oft lange und wurden „Runder Tisch" genannt.

Auch beim Familienrat am Küchentisch kann es helfen, wenn es keinen „Präsidentensitz" gibt, sondern alle Plätze gleich sind.

Kompromiss

Die eine will dies (zu Hause bleiben), der andere will lieber das (ins Kino). Irgendwo in der Mitte einigt man sich (heute Film, morgen gemütliches Kochen). Das ist ein Kompromiss. Alle müssen für eine solche Vereinbarung etwas abgeben oder aufgeben, das ihnen wichtig ist.

WAS IST EINEN STREIT WERT?

Anna und ihre Freundin Yasmina streiten sich. Anna ist genervt: Sie muss die gemeinsame Seminararbeit allein schreiben, weil Yasmina ihre ganze Zeit gerade in die Flüchtlingshilfe steckt. Oma klinkt sich ein: „Ich hätte Opa auch mal auf den Mond schießen können. Ich war hochschwanger mit deinem Vater und Opa ist auf eine Anti-Atomkraft-Demo gegangen. Damals ging es ganz schön hitzig zu und die Polizei ging auch nicht gerade zimperlich gegen die Aktivisten vor. Ich hatte wirklich Angst, dass deinem Opa was passiert."
„Solche Engagements sind eigentlich gut", meint Opa, „aber man sollte immer Maß und Ziel haben. Frieden, Flüchtlinge, Klima – das ist alles wichtig. Die Seminararbeit aber auch. Ihr müsst vielleicht die gesunde Mitte finden?"
Yasmina und Anna nicken.

Was ist Toleranz?

Auch das Wort Toleranz hat eine lateinische Wurzel. Es kommt von *tolerare*. Das bedeutet „ertragen" oder „erdulden". Das klingt nicht besonders angenehm. Und genau darum geht es ursprünglich bei der Toleranz: Das Aushalten oder Zulassen von Dingen, die uns unangenehm sind oder die uns stören: der Nachbar, der wieder mal laut Musik hört, oder die Freundin, die eine Meinung über eine Sache hat, die man falsch findet. Die meisten verstehen unter Toleranz heute aber mehr. Es geht darum, dass man Unterschiede nicht mehr schlimm oder sogar bedrohlich findet, sondern interessant und lehrreich. In einer Gesellschaft, in der wir immer unterschiedlicher werden, ist das wichtig.
Toleranz heißt nicht, dass man alles einfach hinnehmen muss. Manchmal muss man den Nachbarn bitten, die Musik bitte leiser zu machen. Manchmal muss man der Freundin sagen, dass man ihre Meinung falsch findet, und mit ihr darüber diskutieren.

STRESS & STREIT

Papa knüpft mit einer Anekdote an: „Könnt ihr euch erinnern, wie wütend Mama war, weil ich vergessen hatte, die Weihnachtsgans zu besorgen? Und ich dachte, wozu sich aufregen, essen wir halt einfach Spaghetti?"
Mama räuspert sich: „Ja, da war ich echt sauer, weil du weißt, wie wichtig es mir ist, dass Weihnachten ein besonderer Tag wird. Und ich hab mich auf dich verlassen!"
Papa schmunzelt: „Manchmal hab ich einfach eine lange Leitung. Aber ich wollte wirklich keine schlechte Stimmung an Weihnachten und das Thema war keinen Streit wert. Also hab ich mich entschuldigt und bin noch in letzter Minute zum Supermarkt geradelt!"
Und Anna ergänzt: „ Wenn alle gestresst sind, kommt es schnell mal zum Streit. Dann müssen sich erst alle beruhigen, um den Unfrieden zu beenden. Das ist auch ein schönes Gefühl, wenn man Streit beilegen kann!"
Alle nicken.

Mama Laura

Papa Nico

Toleranz in der Politik

Ursprünglich ging es bei Toleranz nicht darum, dass sich die einzelnen Menschen untereinander in ihrer Verschiedenheit anerkennen. Früher ging es bei Toleranz vor allem darum, dass der Herrscher oder der Staat duldete, wenn seine Untertanen eine andere Religion hatten. In einer Demokratie muss die Politik heute die verschiedenen Einstellungen der Menschen weitgehend tolerieren. Alle sollen ihre Lebensführung oder ihre politische Meinung frei ausdrücken dürfen. Aber auch hier gibt es Grenzen. Wer selbst die Toleranz für andere abschaffen will, vielleicht sogar mit Gewalt, darf nicht auf die Toleranz des Staates hoffen.

Die UNESCO

hat 1996 den 16. November zum Tag der Toleranz erkoren. Bereits 1995 hatte sie in Paris eine Deklaration (Erklärung) zur Toleranz abgegeben. Die Deklaration beginnt mit den Worten: „Toleranz bedeutet Respekt, Akzeptanz und Anerkennung der Kulturen unserer Welt …“

Soll man immer sagen, was einen stört?

Stellt euch vor, alle würden immer sofort sagen, was sie beim anderen stört. Das geht nicht. Manche Dinge muss man tolerieren, auch weil sie nicht vermeidbar sind oder sich nicht ändern lassen. Und jetzt stellt euch vor, alle würden niemals sagen, was sie beim anderen stört. Das geht auch nicht. Irgendwo dazwischen liegt die Lösung, wie so oft beim Streiten und Kritisieren.
Wenn man sagt, was einen stört, nutzt man am besten Ich-Botschaften. Das bedeutet, dass man im Gespräch von sich selbst ausgeht („Ich habe das Gefühl …“, „Für mich ist es schwierig, dass …“). Damit greifen wir den anderen nicht direkt an und geben ihm die Möglichkeit, sich in unsere Lage zu versetzen.

Ruhe bewahren – Gelassenheit

Gelassen ist, wer auch unter Stress ruhig bleibt. Gelassenheit war schon bei den alten Griechen und Römern eine wichtige Tugend. Die Stoiker zum Beispiel wollten einen Zustand von Ruhe erreichen, in dem sie ihre Gefühle beherrschen. Gelassenheit kann im Streit helfen oder wenn einem etwas begegnet, was einem Angst macht oder fremd ist. Man lässt sich von seinen Gefühlen dann nicht so leicht überwältigen. Man schaut sie in Ruhe an und ordnet sie ein. Es gibt verschiedene Techniken, die einem helfen können, gelassener zu werden. Bekannt ist die Meditation, die wir oft mit dem Buddhismus verbinden, die es aber in vielen Religionen gibt. Dabei achtet man bewusst auf den eigenen Körper, die eigenen Gefühle und Gedanken.

FREUNDLICHKEIT HILFT

„Puhh", sagt Mama, „die Frau Eiermann hat heute einen besonders schlechten Tag. Sie hat gemeckert, dass der Hund den Hausflur verschmutzt und wir an den Mülltonnen so laut sind." „Ich hab null Bock, sie zu grüßen!", meint Leon. Und Jana fragt sich: „Warum ist sie so unentspannt?" Nur Anna wird nachdenklich. „Vielleicht ist sie sehr einsam oder hat Sorgen und weiß nicht, wie sie damit umgehen soll? Ich werde ihr mal einen Kuchen rüberbringen. Vielleicht bereite ich ihr damit eine Freude und ihre Stimmung bessert sich ein wenig."
Fast alle finden das eine gute Idee. Nur Leon ist nicht überzeugt. „Wird sie jetzt für ihre schlechte Laune auch noch belohnt?"
Papa schmunzelt: „Manche Leute muss man zu ihrem Glück zwingen, und nette Worte oder eine liebe Geste haben noch nie geschadet."

EINEN VERSUCH IST ES WERT

Der Kuchen von Anna war ein voller Erfolg. Die Nachbarin hat sich bedankt und gelächelt. Anna ist mit ihr ins Gespräch gekommen. Es kam heraus, dass die Frau ziemlich krank ist und nur selten Besuch von ihrer Familie bekommt. Das hat sie verbittert und sie hat sich dieses Verhalten zugelegt, um sich zu schützen. „Ganz schön crazy", sagt Anna, „sie ist zu allen pampig, um selbst nicht verletzt zu werden. Kein Wunder, dass irgendwann niemand mehr mit ihr redet!"
Jana berichtet von einer Situation aus der Schule. Sie war richtig enttäuscht über ihre Drei Minus in Erdkunde und auch ihre Freundin Bella hat unglücklich geschaut, obwohl ihre Note viel besser war. „Da habe ich Bella angemotzt und gesagt, dass es voll unfair von ihr ist, sich aufzuregen, und sie sich doch freuen soll. Jedenfalls hat Bella ganz lieb geantwortet und vorgeschlagen, dass wir beim nächsten Mal gemeinsam lernen", sagt Jana stolz. „Da hat Bella toll reagiert", lobt Papa. „Gerade wenn man selbst Unfreundlichkeit erfährt, kann es schwerfallen, freundlich zu bleiben. Übrigens müssen auch Staaten miteinander freundlich umgehen. Deshalb ist die Wahl der richtigen Worte in der Politik so wichtig. Man nennt das Diplomatie. Der Weltfrieden hängt oft an den richtigen Worten und Gesten!"
Die Kinder schauen sich an und Anna sagt: „In aller Höflichkeit bitten wir euch, liebe Eltern, Pizza zu bestellen. Das wäre gut für den Familienfrieden. Hunger macht schlechte Laune."
So schnell hat Papa noch nie Pizza bestellt.

Freundlichkeit

ist etwas Schönes. Sie drückt gute Laune aus und auch Respekt. Zu seiner Familie und seinen Freunden sollte man immer freundlich sein. Das sorgt für Harmonie und auch schlimme Sachen können mit freundlichen Worten besser besprochen werden. Weil man aber nicht zu jedem Menschen gleich superfreundlich sein will, gibt es die große Schwester der Freundlichkeit, die Höflichkeit – sie regelt den Umgang unter Fremden. Was manchmal wie einstudiert aussieht, dient also der friedlichen Kommunikation.

Lächeln für den Frieden

„Friede beginnt mit einem Lächeln. Lächle fünfmal am Tag einem Menschen zu, dem du gar nicht zulächeln willst: Tue es um des Friedens willen", sagte Mutter Teresa (1910–1997). Sie war Ordensschwester und wurde wegen ihrer Hilfsprojekte für Obdachlose, Kranke und Sterbende in Indien 1979 mit dem Friedensnobelpreis ausgezeichnet.

Ist Höflichkeit altmodisch?

Dass Frauen mit einem Handkuss begrüßt werden oder man zur Begrüßung den Hut lüftet – das kommt heute nur noch selten vor. Früher wurde dadurch Respekt und Verehrung ausgedrückt. Dennoch sind Höflichkeitsregeln auch heute noch ziemlich wichtig.

Sich gegenseitig die Tür aufhalten, Bitte und Danke sagen, jemandem eine schwere Tasche tragen, grüßen, wenn man ein Geschäft betritt – das sind alles kleine Gesten, die zeigen, dass man Respekt voreinander hat. Und sie zeigen an: Hallo, ich nehme dich wahr, ich kenne dich zwar noch nicht, aber ich komme in guter Absicht.

Wenn man in einen Raum reinplatzt, ohne anzuklopfen, alle mit „Na, ihr Knallerbsen" begrüßt, einfach das Gespräch unterbricht und schließlich, ohne zu fragen, zum Kühlschrank geht, um sich eine Limo zu holen, hört sich das nicht nur ziemlich respektlos an, es wird auch so empfunden.

Menschen, die ohne Höflichkeit – man sagte früher auch Manieren – durchs Leben gehen, kriegen ganz schön Ärger, denn es ist verstörend, wenn jemand unhöflich ist.

Eine Gesellschaft besteht aus vielen einzelnen Persönlichkeiten. Jede möchte gleichermaßen ernst genommen werden, denn jede einzelne ist wichtig.

Allerdings gibt es in jeder Kultur andere Regeln. In China zum Beispiel rülpst man beim Essen – das heißt, es schmeckt. In vielen Ländern gilt es als unhöflich, wenn man eine Essenseinladung zurückweist. Ebenso wichtig ist eine respektvolle Anrede oder einen Blumenstrauß mitzubringen, wenn man eingeladen ist. Höflichkeiten sind nicht nur Äußerlichkeiten, sie sorgen für ein reibungsloses Miteinander.

FRIEDLICHER PROTEST

Anna liest ihren Geschwistern aus der Zeitung vor. In manchen Ländern sind die Lebensmittelpreise so hoch, dass sich die Menschen nichts mehr leisten können. Sie gehen auf die Straßen, um dagegen zu protestieren. Papa sagt: „Eine unzufriedene Bevölkerung ist gefährlich. Wenn die Unzufriedenheit zu groß wird, schrecken die Menschen vor Gewalt nicht mehr zurück. Im besten Fall protestieren sie friedlich und die Machthaber oder Verantwortlichen ändern die Zustände. Meistens aber reagieren die Machthaber mit noch mehr Druck und Bestrafung. Das ist eine schlimme Spirale, die eine Gesellschaft spaltet."
Anna ergänzt: „In Demokratien dürfen die Menschen auf die Straße gehen und ihre Anliegen vorbringen. In Diktaturen werden die Menschen oft verhaftet, wenn sie streiken."

Wie protestiert man friedlich?

Demonstration

Eine wichtige Form, Protest auszudrücken, ist eine Demonstration. Die Leute versammeln sich auf großen Plätzen und laufen gemeinsam durch die Straßen. Oft werden Reden gehalten, es gibt Sprechchöre oder Gesänge und Plakate mit wichtigen Forderungen werden hochgehalten. In nichtdemokratischen Staaten werden Demonstrationen häufig unterdrückt, oft mit Gewalt. Denn die Machthabenden dort wissen, dass aus Demonstrationen ein Umsturz entstehen kann.

Streik

Wie das Recht auf Demonstrationen ist auch das Streikrecht ein Grundrecht. Das heißt, ein in der Verfassung verankertes Freiheitsrecht fast aller Menschen (Personen mit Beamtenstatus dürfen nicht streiken, weil sie beim Staat angestellt sind). Beim Streik weigern sich die Menschen, ihre Arbeit zu tun. Wenn das in einem Unternehmen passiert, geht es um mehr Lohn oder bessere Arbeitsbedingungen. Für solche Streiks gibt es in Deutschland klare Regeln. Es gibt auch Streiks, die ein politisches Ziel haben, zum Beispiel eine neue Regierung oder mehr demokratische Rechte. Dann legen oft viele unterschiedliche Betriebe gleichzeitig die Arbeit nieder. Solche Generalstreiks können ein ganzes Land lahmlegen. Ein besonders beeindruckendes Beispiel dafür waren die Streiks der polnischen Gewerkschaft Solidarność (das heißt auf Deutsch „Solidarität") 1980.

Petition

Mit einer Petition können sich Bürger*innen an Ämter oder Parlamente wenden und eine Änderung von Gesetzen fordern oder eine Beschwerde vorbringen. Für solche Petitionen werden meist Unterschriften gesammelt. Denn je mehr Menschen sie unterstützen, umso größer ist die Chance auf Erfolg. Auch das Petitionsrecht ist im deutschen Grundgesetz festgeschrieben.

Onlineprotest

Bei allen Protesten spielt das Internet eine wichtige Rolle. Eine Petition wird heute oft online unterschrieben, Flyer für die Demonstration oder ein Streikaufruf kommen per Mail. Viele posten auch während der Protestaktion in den Sozialen Medien, was passiert.

Protestbewegungen – früher und heute

In der Geschichte gibt es viele Beispiele für große und friedliche Protestbewegungen. Zum Beispiel der von Mahatma Gandhi angeführte gewaltfreie Widerstand gegen die britische Kolonialherrschaft in Indien bis 1947 oder die Bürgerrechtsbewegung gegen die Rassentrennung in den USA, insbesondere in den 1960er-Jahren. In Europa war die Anti-Atomkraft-Bewegung ab den 1970er-Jahren wichtig, die sich gegen eine Nutzung der Kernenergie wandte. Sie verband sich oft mit den Protesten der Friedensbewegung gegen die weitere Aufrüstung mit Atomwaffen in Europa in den 1980er-Jahren. Auch die friedlichen Revolutionen gegen die kommunistischen Diktaturen in Mittel- und Osteuropa, in der DDR, in Polen, Tschechien oder Ungarn 1989 gehören dazu.
Heute ist wohl Fridays for Future die wichtigste weltweite Protestbewegung, die das Ende von Kohle- und Ölverbrennung fordert und mehr Maßnahmen zum Klimaschutz.

Mauerfall

Eine der größten Demonstrationen in der deutschen Geschichte fand am 4. November 1989 in Ostberlin auf dem Alexanderplatz statt. Weit über eine halbe Million Menschen protestierten gegen das diktatorische Regime der DDR.

Artikel 8 des deutschen Grundgesetzes: Versammlungsfreiheit

(1) Alle Deutschen haben das Recht, sich ohne Anmeldung oder Erlaubnis friedlich und ohne Waffen zu versammeln.
(2) Für Versammlungen unter freiem Himmel kann dieses Recht durch Gesetz oder aufgrund eines Gesetzes beschränkt werden.

WENN MAN GEWALT ERLEBT

Anna kommt von der Uni nach Hause und zittert am ganzen Körper. Gemeinsam mit einer Freundin hat sie einer Frau geholfen, die von einem Mann bedroht wurde. Anscheinend war es deren Exfreund, der das Ende der Beziehung nicht akzeptieren wollte. Mit lauten Hilfeschreien konnten die Frauen den Mann vertreiben. Schließlich haben sie die Polizei gerufen und der Mann wurde festgenommen. Davor hat er sogar noch beide Polizisten angegriffen.

„Erst nachdem die Polizei wieder weg war, habe ich begriffen, wie gefährlich das war", sagt Anna immer noch mit zittriger Stimme.
„Mit dem lauten Rufen habt ihr alles richtig gemacht", meint Mama, „damit sorgt ihr für Aufmerksamkeit und irritiert den Täter!"
„Aber was, wenn der Mann bewaffnet gewesen wäre?", fragt Leon.

Selbstverteidigung?

Bei uns erlebt man zum Glück nur selten Gewalt. Doch wenn, ist es gut, ein paar Regeln im Kopf zu haben. Die wichtigste Regel ist: Am besten gar nicht irgendwo hingehen, wo man ein schlechtes Gefühl hat. Wenn jemand einen beschimpft, anfasst oder bedroht, möglichst weggehen oder wegrennen und die Nähe zu anderen Menschen suchen. Wenn man nicht flüchten kann, sollte man laut und deutlich sagen, dass man das nicht will, und andere um Hilfe bitten oder laut um Hilfe rufen. Manchmal nützt es auch, wenn man sich anders verhält, als es der/die Angreifende erwartet: plötzlich singen oder so tun, als ob einem übel wäre. Wenn man kann, sollte man auf jeden Fall die Polizei rufen (110). Fast überall gibt es inzwischen Kurse für Mädchen und Jungen, in denen sie lernen, wie sie sich selbst behaupten und, wenn nötig, auch selbst verteidigen. Dabei wird oft auf Kampfsportarten wie Karate, Judo oder Taekwondo zurückgegriffen.

SCHWIERIGE SITUATIONEN

Alle diskutieren aufgeregt, wie man sich in einer solchen Situation richtig verhält. Leon erzählt vom Selbstverteidigungskurs in der Mittagsbetreuung. „Da ist eine Spezialpolizistin zu uns gekommen. Sie hat uns Tricks gezeigt, was man tun muss, um sich auch gegen Stärkere zu behaupten. Aber erst einmal mussten wir lernen, uns überhaupt zu wehren. Das ist gar nicht so einfach, wenn man das nicht gewöhnt ist!"
„Vielleicht hätte ich mich mehr mit dir prügeln sollen", grinst Jana.
„Na, na, Kinder, prügeln ist nie eine gute Lösung, erst einmal sollte man es mit Reden versuchen", antwortet Papa.

Richtig helfen, aber wie?

Wird jemand angegriffen, sollte man auf jeden Fall sofort den Notruf (110) wählen. Falsch ist es, den Täter selbst anzugreifen. Wenn möglich, geht man mit der angegriffenen Person weg, irgendwohin, wo andere Menschen sind. Geht das nicht, kann man den Täter laut ansprechen und ihm sagen, dass man die Polizei gerufen hat. Überhaupt ist lautes Rufen und Schreien hilfreich. Am besten sprecht ihr auch andere Menschen an, damit sie mithelfen. Ihr seid im Bus oder in der U-Bahn? Jetzt dürft ihr die Notbremse ziehen! Wenn der Täter flieht, kümmert euch um die angegriffene Person. Wenn die Polizei Zeugen braucht, ist es wichtig, auszusagen. Es hilft, wenn ihr wisst, wie der Täter oder die Täterin aussah.

Notwehr – was ist das?

Generell gilt: Gewalt ist keine Lösung und nicht erlaubt. Wenn man sich aber gegen einen Angriff auch körperlich wehrt, fällt das unter die sogenannte Notwehr. Sie ist erlaubt und wird nicht bestraft. Hilft man jemand anderem gegen einen solchen Angriff, heißt das Nothilfe. Allerdings funktioniert das nicht wie in amerikanischen Filmen. Die Verteidigung muss der Abwehr des Angriffs dienen und nicht unverhältnismäßig, also übertrieben, sein.

Eindeutige Gesten

signalisieren dem Gegenüber: bis hierher und nicht weiter. Leider genügt das manchmal nicht. Aber es zeigt anderen, dass hier eine Grenze überschritten wird.

Zivilcourage

heißt, dass man den Mut hat, jemandem zu helfen, der in Not geraten ist, bedroht wird oder das Opfer von Gewalt ist. Oft passiert das unterwegs, auf der Straße, an der Bushaltestelle oder im Park, und man kennt die Person in Not nicht.

Haltung

Es ist nicht einfach zu entscheiden, welches die richtige Haltung ist, wenn jemand aggressiv auf einen zukommt. Manchmal hilft es, wenn man beschwichtigende Gesten macht und ruhig spricht.

DER SCHUTZ DER GRUPPE

Leon und Oleg haben in der Schule ihre Lieblingstiere gemalt: Mammuts! „Aber die sind doch ausgestorben", sagt Jana.
„Ja, weil die Steinzeitleute einfach zu viele von denen erlegt haben", entrüstet sich Leon.
„Aber auch in der Steinzeit wollten Kinder was zu essen", wirft Mama ein. Papa wiegt den Kopf. „Die Mammutjagd war ganz schön riskant, niemand durfte durch eine Unachtsamkeit die Gruppe in Gefahr bringen!"
Nach kurzem Hin und Her mit der Übersetzungsapp fügt Oksana hinzu: „Besonders beim Militär ist der Schutz der Gruppe wichtig. Da muss sich jeder für das Leben der anderen genauso verantwortlich fühlen wie für sein eigenes." Sie streicht Oleg über den Kopf, der stolz sagt: „Ja, mein Papa hat erzählt, dass er und die anderen Soldaten sich gegenseitig beschützen."

MAMMUTS UND DAS „DU" AM BERG

„Wisst ihr, warum man sich am Berg grüßt und duzt?", fragt Papa in die Runde. Alle schweigen. „Weil es einfacher ist, sich zu helfen, wenn man sich freundschaftlich begegnet. Man ist am Berg eine Schicksalsgemeinschaft, wenn Gefahr droht!"
Anna ergänzt: „Eine Gemeinschaft wie bei der Mammutjagd. Wer da Mist gebaut hat, wurde ziemlich hart bestraft, oft mit Ausschluss aus der Gruppe, was fast ein Todesurteil war. Auch andere lebensnotwendigen Arbeiten waren genau verteilt. Wer das Feuer hütete, durfte es nicht ausgehen lassen. Die Heilerinnen mussten stets die passenden Kräuter dabeihaben und wer Wachdienst hatte, durfte nicht einschlafen. Man nennt das auch den Schutz der Gruppe."

Bräuche, Riten, Regeln, Normen

Sobald sich Menschen zusammentaten, gab es Bräuche, Riten, Regeln und Normen. Die Bräuche sorgten für starken Zusammenhalt. Oft waren sie mit Tanz und Gesang verbunden. Normen gaben vor, was man tun durfte und was nicht. Anhand von Regeln wurden die Aufgaben untereinander verteilt, und das sorgte für Frieden und Gerechtigkeit in der Gruppe. Mütter, Kinder, Alte und Kranke mussten geschützt werden. Das ist heute nicht anders. Später, als die Gemeinschaften immer komplexer und größer wurden, hat man aus den Regeln Gesetze gemacht. So nennt man es, wenn Regeln aufgeschrieben werden und für alle gelten.

Frühe Gesetzestexte

Bevor es ein allgemeingültiges Gesetz gab, behalfen sich früher die Menschen mit Rechtsprechungen – sie dienten als Vorlage für ähnliche Fälle.

- **Die bisher älteste, bekannte Sammlung von Rechtsprechungen ist der *Codex Ur-Nammu* und er stammt vermutlich aus der Zeit von 2100 v. Chr. Der Text ist in sumerischer Sprache in Tonscherben geritzt.**
- **Erst 1700 Jahre später definierten zwei Philosophen der griechischen Antike, Platon und sein Schüler Aristoteles, den Begriff Gesetz – es musste schriftlich festgehalten und für alle zugänglich sein.**
- **Etwa zur gleichen Zeit wurde in Rom das *Zwölftafelgesetz* aufgestellt, das fast 1000 Jahre Bestand hatte. Die zwölf originalen Bronzetafeln wurden allerdings nie gefunden.**
- **In den Jahren 528–534 ließ der spätrömische Kaiser Justinian eine Sammlung von Gesetzen aufschreiben, das *Corpus Iuris Civilis*. Es sollte für viele Jahrhunderte gelten und bildet heute noch eine der Grundlagen des geltenden Rechts in Deutschland.**
- **Im Mittelalter verfasste Eike von Repgow zwischen 1220 und 1235 den *Sachsenspiegel*. Dieses neue Gesetzbuch wurde notwendig, weil sich die Gesellschaft änderte. Die Landesfürsten wurden mächtiger und verlangten von König und Papst mehr Rechtssicherheit. Bis dahin wurden Gesetze oder Rechtsprechung mündlich und von Laien überliefert. Bis heute sind Teile des *Sachsenspiegels* im deutschen Recht verankert.**
- **In Deutschland regelt das *Bürgerliche Gesetzbuch* (BGB) viele Rechtsfragen, es trat 1900 in Kraft und wird laufend ergänzt.**

Die Zehn Gebote

Eine Geschichte aus dem Alten Testament ist bis heute sehr bedeutsam für Juden und Christen: Als Moses die aus der Gefangenschaft befreiten Israeliten von Ägypten über das Rote Meer nach Hause führt, kommen sie am Berg Sinai vorbei. Dort empfängt Moses von Gott steinerne Tafeln mit göttlichen Geboten und Verboten. Diese Gesetzestafeln enthalten die *Zehn Gebote* und sind bis heute eine Art religiöser Leitfaden.

Fest & Frieden

Damit eine Gruppe gut miteinander leben kann, ist es wichtig, dass sich alle mit ihr identifizieren. Feste, Tänze, Rituale, Speisen und Trachten sorgen bis heute dafür, dass Gemeinschaften sich wohlfühlen und stolz auf ihre Lebensweise sind. Die nordamerikanischen indigenen Völker pflegen das Powwow, eine Zusammenkunft verschiedener Stämme. Dadurch werden Frieden und Völkerverständigung gestärkt.

Bei uns haben auch heute noch Volksfeste die Bedeutung, Menschen völlig unterschiedlicher Herkunft und Lebensweise auf friedliche und lebensfrohe Art zusammenzubringen.

DIE RECHTE DER KINDER

Wie siehst du denn aus?", fragt Leon seine Schwester Jana. Sie hat irgendwas mit ihren Haaren gemacht und ihre Lippen glänzen. „Ich gehe auf eine Party zu Bella", verkündet sie stolz, „und ich möchte auch erst um 22 Uhr daheim sein, so wie die anderen."
Papa guckt hinter seiner Zeitung hervor.
„Du bist erst 12!"
„Aber alle dürfen so lange bleiben!"
„Wir machen uns Sorgen, wenn du so spät unterwegs bist", schaltet sich Mama ein. „Es gibt drei Möglichkeiten: Du kommst früher nach Hause, du übernachtest bei Bella oder ich hole dich ab."
„Aber laut Jugendschutzgesetz ist es nicht verboten, nachts draußen zu sein", sagt Jana und stampft mit dem Fuß auf.
„Stimmt", sagt Papa, „aber Mama und ich haben trotzdem die Aufsichtspflicht."

SCHUTZ GEHT VOR FREIHEIT

Jana zieht eine Schnute. „Übernachten wäre cool, aber bei Bella ist wenig Platz. Abholen ist irgendwie doof. Und früher nach Hause kommen will ich auf gar keinen Fall." Papa schweigt und lächelt. Das macht er gern, wenn er allen Beteiligten erst mal ein wenig Zeit geben möchte, sich mit einer Situation anzufreunden. *Luft rauslassen,* sagt er dazu. Leon mischt sich ein: „Wenn Jana einen Selbstverteidigungskurs gemacht hätte, so wie ich, könnte sie sich gegen jeden wehren, das ist doch nachts ganz praktisch!"

„So weit wollen wir es gar nicht kommen lassen", sagt Mama. „Man sollte Gefahren nicht herausfordern. Wir sind verantwortlich, dass euch nichts passiert. Auch Bellas Mama muss dafür sorgen, dass du gut nach Hause kommst, und sie ist sicher sehr froh, wenn du abgeholt wirst."
Da kommt Anna dazu. „Ich kann Jana abholen, ich drehe einfach meine Joggingrunde so, dass sie bei Bella vorbeiführt." Jana grinst. Von der großen Schwester abgeholt zu werden, ist natürlich viel cooler.

Worauf alle Kinder Anspruch haben

Es ist noch gar nicht lange her, da gab es keine allgemeingültigen Regeln dafür, welche Rechte Kinder haben. Das änderte sich erst 1985, als eine spezielle Verordnung für Kinder entstand, die UN-Kinderrechtskonvention.

Sie umfasst vier wichtige Prinzipien:

- Sie gilt für alle Kinder.
- Das Kindswohl hat bei allen Regelungen Vorrang.
- Jedes Kind hat ein Recht auf Leben, Überleben und Entwicklung.
- Kinder haben das Recht, gehört zu werden.

Daraus leiten sich die **PPP-Gesetze** ab: Protektion, Provision, Partizipation:

- Kinder sind vor Gewalt, Missbrauch, Gefahr, Freiheitsberaubung zu schützen (Protection = engl. „Schutz").
- Kinder haben ein Recht auf Bildung, freie Entfaltung, Gesundheitsvorsorge, Förderung, Zugang zu ihren Eltern, Freizeit und einen angemessenen Lebensstandard (Provision = engl. „Versorgung").
- Kinder haben ein Recht auf Teilhabe, Information, Zugang zu angemessenen Medien (Participation = engl. „Teilhabe").

Es gibt auch Pflichten!

Für Janas Klasse lief es heute nicht gut. Nachdem ein paar Mädchen einige schlimme Sprüche über ihre Mitschüler*innen in einem Chat verschickt haben, gab es richtig Zoff. Die Lehrerin hat die aufgeheizte Stimmung sofort bemerkt, fast wäre es zu einer Rauferei gekommen. Nachdem herauskam, wer sich das alles ausgedacht hatte, wurde mit den Betreffenden ein Gespräch geführt. Ein Schulpsychologe war auch dabei. Klar, wenn in der kleinsten Gruppe, der Klasse, kein Frieden herrscht, ist die ganze Schule betroffen. Deshalb müssen Ursachen gefunden werden.

Es kommt vor, dass die Ursachen im familiären Umfeld der Kinder liegen, dann führen die Lehrer*innen ein Gespräch mit den Eltern. Wenn Familien Probleme haben, werden sie manchmal vom Jugendamt unterstützt. In ganz schlimmen Fällen kann es sein, dass auch die Polizei eingeschaltet wird, vor allem dann, wenn Gewalt vermutet wird. Die Polizei kommt auch, wenn Kinder häufig die Schule schwänzen, denn Kinder haben ein Grundrecht auf Bildung und eine Schulpflicht. Das ist nicht in allen Ländern so. In Irland z.B. greift der Staat nicht in die Bildung ein. Egal wie, der Zugang zu Bildung ist überall ein großes Privileg.

Jugendschutzgesetz

Kinder dürfen grundsätzlich nachts unterwegs sein, z. B., wenn sie mit Freund*innen zelten oder, klar, in Begleitung von Erwachsenen. In Kneipen und im Kino jedoch bestehen Altersbeschränkungen. Eltern müssen dafür sorgen, dass ihre Kinder nicht in Gefahr geraten, z. B. durch Drogen, gefährdende Medien oder Cyberkriminalität. Die Sicherheit von unter 18-jährigen wird im Jugendschutzgesetz geregelt.

WAS IST EIN RECHTSSTAAT?

Jana schnaubt: „Unglaublich, die sind ins Lehrerzimmer eingebrochen und haben die Abituraufgaben geklaut und die Polizei hat die ganze Schule verdächtigt! Was sollen wir aus der 6. Klasse denn mit dem blöden Abizeugs? Und dann haben die am Tatort einen Schülerausweis gefunden, ich meine, wie doof ist dieser Räuber?"
Papa fragt nach: „Ist er denn über 14? Dann kann man ihn zur Rechenschaft ziehen. Und über 18 ist er voll strafmündig, bei Diebstahl von Dokumenten ist das gar nicht so harmlos!"
„Heißt das, ich kann jetzt richtig Mist bauen und kriege keine Strafe?", fragt Leon.
Papa schmunzelt. „Wäre schön, wenn du das lässt, denn wir Eltern haften für deinen Unfug. Und das Jugendamt kommt in jedem Fall und prüft, ob bei uns was schiefläuft."

Gilt für alle

Dass es ganz ohne Regeln nicht geht, wenn man miteinander auskommen will, leuchtet ein. Das gilt für Familien, aber eben auch für große Gruppen oder ein ganzes Land.
Die verbindlichen Regeln, die in einem Land gelten, nennt man Gesetze. Gesetze regeln ganz unterschiedliche Dinge: die Benutzung der Straßen, die Vererbung von Geld oder auch die Bestrafung von Verbrechen wie Körperverletzung oder Diebstahl. Alle Gesetze zusammen bilden das sogenannte Recht. Es legt fest, wie wir uns miteinander verhalten sollen.
Gesetze schützen uns nicht nur vor Mitmenschen, die uns Böses wollen, sondern auch vor dem Staat, denn sie gelten in einem sogenannten Rechtsstaat auch für Gerichte, Polizei oder Politik und Verwaltung. Gute Gesetze, die befolgt oder durchgesetzt werden, sind also für den Frieden in einem Land sehr wichtig. Denn dann besteht ein wirksamer Schutz vor Gewalt und Willkür, und dann können Menschen, die sich nicht kennen, miteinander vertrauensvoll umgehen.

Strafmündigkeit

Wenn man strafmündig ist, muss man vor Gericht selbst die Verantwortung für sein Handeln übernehmen. Das gilt in Deutschland ab dem 14. Geburtstag. Dafür gibt es ein besonderes Jugendstrafrecht. Dabei werden vor allem Erziehungsmaßnahmen verhängt. Das Jugendstrafrecht wird bis zur Volljährigkeit, also bis zum 18. Geburtstag, angewandt. Manchmal auch noch, bis man 21 ist. Unter 14 Jahren wird man bei Straftaten nicht vor Gericht gestellt. Trotzdem haben Straftaten auch dann Folgen. Das Jugendamt kann sich zum Beispiel einschalten, Schadensersatz oder Schmerzensgeld können verhängt werden.

Gleichheit und Gleichberechtigung

Gesetze gelten in einem Rechtsstaat für alle gleichermaßen. Außerdem hat der Staat mit Gesetzen dafür zu sorgen, dass die Gleichberechtigung auch sonst verwirklicht wird. In Deutschland ist der Artikel 3 des Grundgesetzes eindeutig: „*Alle Menschen sind vor dem Gesetz gleich.*" Dort heißt es weiter, dass Männer und Frauen gleichberechtigt sind und der Staat dafür sorgen muss, diese Gleichberechtigung durchzusetzen und Nachteile zu beseitigen. Auch darf niemand „*wegen seines Geschlechtes, seiner Abstammung, seiner Rasse, seiner Sprache, seiner Heimat und Herkunft, seines Glaubens, seiner religiösen oder politischen Anschauungen benachteiligt oder bevorzugt werden. Niemand darf wegen seiner Behinderung benachteiligt werden.*"

Tipp

Die Grundgesetze solltet ihr kennen: Im Internet könnt ihr auf dieser Seite noch mal alle anhand von lustigen Beispielen nachlesen: (www.hanisauland.de/wissen/spezial/politik/grundrechte). Übrigens sind dort auch viele andere Begriffe rund um die Gesetze erklärt.

Verfassung und Grundrechte

Jedes Land hat eine Verfassung. Darin sind die wichtigsten Regeln für das Zusammenleben und den Aufbau des Staates zusammengefasst. Die deutsche Verfassung trägt das Gesetz im Namen: Das Grundgesetz wurde 1949 zusammen mit der Gründung der Bundesrepublik Deutschland in Kraft gesetzt. Damals war das nur Westdeutschland. Die DDR trat 1990 dem Geltungsbereich des Grundgesetzes bei, wurde also Teil der Bundesrepublik. Das Grundgesetz benennt die sogenannten Grundrechte, die jedem Menschen dem Staat gegenüber zustehen. Dazu gehören unter anderem die unantastbare Menschenwürde, die Versammlungsfreiheit, Pressefreiheit, Schulbildung, Religionsfreiheit, Meinungsfreiheit. Das Grundgesetz schreibt auch den politischen und rechtlichen Aufbau der Bundesrepublik Deutschland vor. Damit ist zum Beispiel gemeint, wie das Staatsoberhaupt (Bundespräsident*in) gewählt wird, wie die Zusammenarbeit von Bund und Ländern sein soll, dass der Bundestag in freien, gleichen und geheimen Wahlen gewählt werden muss, welche Rolle politische Parteien spielen sollen oder dass Deutschland bei der Gestaltung der Europäischen Union mitarbeitet.

WER REGELT EIGENTLICH WAS?

Oksana kommt aufgeregt von einem Amtsbesuch nach Hause, wo sie Zeugin eines Zwischenfalls wurde. „Da hat eine Frau den Mann am Schalter angebrüllt und sogar einen Stuhl weggekickt, warum weiß ich auch nicht genau, aber sie war sehr wütend. Ein Mitarbeiter hat dann das Sicherheitspersonal geholt und sogar die Polizei, weil die Frau nicht aufhören wollte zu schreien."

„Gut so", sagt Mama, „jemanden zu bedrohen, stört den öffentlichen Frieden und ist strafbar!" „Gibt es denn auch einen nicht öffentlichen Frieden?", fragt Leon, der sich unter dem Begriff gar nichts vorstellen kann.
Papa schmunzelt wie immer.
„Das ist ein feststehender Begriff, den man gar nicht hoch genug schätzen kann. Denn nicht in allen Staaten dieser Welt gilt er!"

Die drei Gewalten

In einer Demokratie werden Gesetze meist durch Parlamente (in Deutschland durch den Bundestag oder durch die Landtage) erlassen oder geändert. Daher nennt man Parlamente auch die gesetzgebende Gewalt (oder Legislative, von lateinisch *legis latio*, „Gesetze beschließend"). Die Anwendung der Gesetze und die Bestrafung ihrer Übertretung übernehmen die Gerichte (oder Judikative, von lateinisch *iudicare*, „Recht sprechen"). Für die Ausführung der Gesetze wiederum ist die Exekutive zuständig (von lateinisch *exsequi*, „ausführen"), die unter anderem aus Regierung und Polizei besteht. In Deutschland umfasst die Regierung sowohl die Bundesregierung wie auch die Landesregierungen und die Gemeindeverwaltungen. In einem Rechtsstaat sind alle drei Gewalten voneinander unabhängig.

FREI VON FURCHT

Leon guckt immer noch verwirrt. Und Papa erklärt: „Der öffentliche Friede ist ein Rechtsgut, also ein geschütztes Gut. Das bedeutet: Wir haben ein Recht darauf, friedlich miteinander leben zu können, das schließt auch das Recht auf freie Meinungsäußerung ein. Die Störung des öffentlichen Friedens ist ein Straftatbestand – das heißt, jemand bedroht Gesundheit und Leben anderer absichtlich oder verübt gar Gewalttaten."
„Das heißt, alles, was wir in Krimis sehen, ist eine Störung des öffentlichen Friedens?", fragt Leon.
„Seit wann siehst du Krimis?", fragt Papa und schaut Mama besorgt an.
Die zuckt mit den Schultern: „Ich hab ihm das nicht erlaubt!" Jana und Anna gucken beide an die Decke. Sie wissen genau, wann und mit wem Leon Krimis schaut.

Justitia

ist die römische Göttin der Gerechtigkeit. Sie wird meist mit Waage, Schwert und Augenbinde abgebildet. Die Gerechtigkeit soll also jeden Menschen gleich beurteilen, dabei alle Tatsachen bedenken, aber auch nicht zu milde bestrafen.

Welche Gesetze gibt es?

Man kann Gesetze nach unterschiedlichen Themen sortieren. Zum Beispiel gibt es Gesetze, die einen bestimmten Lebensbereich ordnen, wie das Familienrecht.

Besonders wichtig ist die Unterscheidung zwischen öffentlichem und privatem Recht.

Das öffentliche Recht beinhaltet die Gesetze, die das Verhältnis zwischen einzelnen Bürger*innen und dem Staat regeln. Dazu gehört auch das *Strafgesetzbuch*, das die Regeln enthält, an die wir zuerst denken, wenn wir an Gesetze denken. Im Strafgesetzbuch geht es um die Definition und Bestrafung von Verbrechen wie Diebstahl, Betrug, Mord oder Einbruch.

Das private Recht beschäftigt sich mit dem Verhältnis zwischen einzelnen Bürger*innen oder privaten Einrichtungen wie Unternehmen. In Deutschland ist das Privatrecht oder Zivilrecht (von lateinisch *civis*, „Bürger") im *Bürgerlichen Gesetzbuch* (BGB) versammelt.

Viele Gesetze gelten nicht nur in einem Land, sondern staatenübergreifend, wie beispielsweise das **Europarecht**, das insbesondere die Beziehung der Staaten der Europäischen Union regelt.

Manche Gesetze gelten sogar weltweit, beispielsweise das **Völkerrecht**, das das Verhältnis unter den Staaten der Welt beschreibt, insbesondere auch die Regeln zur Beilegung von Streit, zur Bewahrung des Friedens oder auch, welche Regeln im Krieg gelten.

Wer macht die Gesetze?

In einem demokratischen Rechtsstaat ist diese Frage scheinbar schnell beantwortet: das Parlament. Doch oft ist es nicht ganz so einfach. Der Deutsche Bundestag beispielsweise macht die Gesetze nicht, er beschließt sie vor allem. Und auch das macht er meistens nicht allein. Oft benötigt er die Zustimmung des Bundesrates, der Vertretung der Bundesländer. Bundesregierung, Bundestag und Bundesrat haben alle das Recht, ein neues Gesetz vorzuschlagen. Meistens ist es die Bundesregierung, und der Vorschlag ist in einem oder in mehreren Ministerien formuliert worden. Jedes Gesetz muss dreimal in den Bundestag (erste, zweite, dritte Lesung) und wird dort diskutiert und vielleicht noch einmal verändert. Erst beim dritten Mal wird abgestimmt und das Gesetz angenommen oder abgelehnt. Und dann muss es noch vom Bundespräsidenten unterschrieben und veröffentlicht werden. Das geschieht im Bundesgesetzblatt.

DIE KUNST DER DIPLOMATIE

Mama Strudel hat ganz schlechte Laune. „Herr Müller spinnt wohl, stellt einfach mein Fahrrad auf die andere Straßenseite, weil seine Mülltonnen nicht im Regen stehen sollen!“
Papa Strudel schlägt vor: „Vielleicht solltest du in Ruhe mit ihm darüber reden? Schließlich ist er nicht nur unser Nachbar, sondern auch der Hausmeister und kümmert sich um ganz viel. Wir wohnen ja Tür an Tür. Und eine Hausgemeinschaft ist auch eine Gemeinschaft!“
Mama sieht noch nicht ein, sich zu beruhigen.
„Aber Mama, das ist doch kein Beinbruch.
Es wäre ziemlich undiplomatisch, sich mit Herrn Müller anzulegen, das könnte Ärger geben!“, sagt Anna.
„Undiplomatisch, was ist denn das?“, fragt Leon und schnappt sich das letzte Stück Kuchen.

FREUNDLICH IM TON, KLAR IN DER SACHE

Papa ruft: „Bleibt friedlich, bitte! Diplomatie ist, wenn in einem Konflikt alle angehört werden und man versucht, alle Parteien zu verstehen. Vielleicht gefällt die Lösung nicht immer allen.
Dann helfen die Diplomat*innen beim Vermitteln und sorgen so dafür, dass am Ende niemand das Gefühl hat, verloren zu haben. Im besten Fall werden Lösungen angeboten, die beide Seiten zu Gewinner*innen machen. Und all das sollte in einem freundlichen Tonfall geschehen. Deshalb rede ich jetzt mal mit Herrn Müller!“
„Du bist harmoniesüchtig“, ruft Mama und lächelt schon wieder. Und Leon quatscht dazwischen: „Bin ich auch, ich mag so eine schlechte Stimmung nicht!“

Diplomatie hilft auch im Alltag

Sich diplomatisch zu verhalten, ist nicht nur für die Vertreter*innen von Staaten sinnvoll. Auch im Alltag kommt man meist dann weiter, wenn man nicht nur rücksichtslos seinen eigenen Vorteil sucht. Das gilt vor allem, wenn man mit der anderen Person noch öfter zu tun hat, also zum Beispiel mit einer Nachbarin oder mit einem Klassenkameraden. Denn die merken sich das.
Wer also auch in unangenehmen Situationen höflich und ruhig bleibt, andere nicht bloßstellt und nach Kompromissen sucht, verhält sich in der Regel klug und diplomatisch.
Diplomatisch sein heißt nicht, dass man keine eigenen Standpunkte und Interessen vertritt und zu allem Ja sagt. Sondern dass man seine Kritik oder abweichende Meinung so formuliert, dass das Gegenüber nicht vor den Kopf gestoßen wird, aber trotzdem versteht, was man will. Diplomatie ist die Kunst der Verhandlung.

Harmonie

Wenn man sagt, etwas sei harmonisch, meint man, dass es ohne Streit passiert, in Übereinstimmung. In der Musik ist die Harmonie ein angenehmes und passendes Zusammenspiel von Tönen.

Diplomat*innen, Botschaften, Konsulate

Diplomat*innen gibt es, seitdem es Staaten gibt. Gemeint sind damit Personen, die im Auftrag der Herrschenden oder der Regierung die Interessen ihres Landes gegenüber anderen Ländern vertreten. Diese Interessenvertretung kann bei internationalen Verhandlungen stattfinden, zum Beispiel bei großen Konferenzen oder Friedensgesprächen. Oder bei internationalen Organisationen wie den Vereinten Nationen.
Mindestens genau so wichtig sind die Diplomat*innen, die sich dauernd in einer fremden Hauptstadt aufhalten, um die Beziehungen zwischen ihrem eigenen Land und dem Land, in dem sie sich befinden, zu pflegen. Dazu werden sogenannte Botschaften eingerichtet. Das sind Häuser, in denen die Diplomat*innen eines Landes arbeiten. Chefdiplomat*innen in einem anderen Land heißen deshalb auch Botschafter*innen. Botschaften dürfen nur mit Erlaubnis des Botschafters oder der Botschafterin betreten werden, auch die Polizei darf dort nicht einfach hinein. Botschaften übernehmen oft auch Dienste wie das Erteilen von Einreiseerlaubnissen in das eigene Land oder die Ausstellung von Pässen für eigene Staatsbürger im Ausland. Oft übernehmen diese Dienste auch zusätzliche Auslandsvertretungen, sogenannte Konsulate.
Es gibt ein diplomatisches Recht, das eigentlich alle Staaten der Welt anerkannt haben. Besonders wichtig ist die sogenannte Immunität von Diplomat*innen. Sie dürfen von einem anderen Staat nicht rechtlich verfolgt werden, solange sie diplomatischen Status haben.

WENN STAATEN STREITEN

Oleg hat gerade mit seinem Papa geskypt. „Mein Papa arbeitet eigentlich als Ingenieur, aber nun ist er Soldat und kämpft für den Frieden!“, sagt Oleg. Inzwischen kann er schon ziemlich gut Deutsch.
„Papa, du warst nie bei der Bundeswehr, oder?“, fragt Leon.
Papa schüttelt den Kopf. „Ich habe Zivildienst gemacht, ich wollte nicht mit Waffen kämpfen!“
„Früher mussten fast alle zum Militär“, sagt Opa, der mitten im Zweiten Weltkrieg geboren wurde und daran bis heute schlimme Erinnerungen hat.
„Irgendwie ist das total ungerecht: Wenn sich zwei Staaten streiten, dann streiten sich doch eigentlich die Politiker*innen. Und die Bevölkerung muss es ausbaden!“, wirft Jana ein.

Kriege verhindern?

Streit zwischen Staaten kann so weit gehen, dass eine oder beide Seiten mit Gewalt drohen. Zum Beispiel, indem sie das Militär, Schiffe oder anderes Kriegsgerät in die Nähe des anderen Staats verlegen. Spätestens wenn das geschieht, versuchen meistens andere Länder oder die Vereinten Nationen zu vermitteln. Oft gelingt es dank der Diplomatie noch, einen richtigen Krieg zu verhindern oder ihn zu beenden, bevor er noch schlimmer wird. Manchmal drohen dazu andere Länder selbst mit Gewalt, indem sie versprechen, den Angegriffenen mit Waffen oder Soldat*innen zu unterstützen.
Die Vereinten Nationen können unter strengen Voraussetzungen sogenannte Friedenstruppen entsenden, um den Frieden zwischen zwei Ländern oder in einem Land zu erhalten oder sogar zu erzwingen.

FRIEDLICH BLEIBEN

Am Abend sitzen alle vor dem Fernseher. Die Nachrichten zeigen viele Konflikte auf der ganzen Welt. Nicht immer kommt es zum Krieg.
„Gott sei Dank“, sagt Mama, „aber deshalb reisen Politiker*innen ja ständig um die Welt, um mit den anderen Ländern im friedlichen Gespräch zu bleiben. Und selbst wenn es mal kriselt, gibt es viele Möglichkeiten, Lösungen zu finden, die eben nicht kriegerisch sind. Dazu werden oft auch Bündnisse geschmiedet.“
„Ich sehe immer nur ein Bündnis“, sagt Leon und zieht eine Schnute. „Ihr bestimmt alles, und wir Kinder müssen das dann machen.“
Papa grinst. „Wir sind für euch verantwortlich, haften für euch und wir haben die Pflicht, euch gut zu erziehen. Ganz nebenbei haben wir euch schrecklich lieb und wollen nur das Beste für euch!“
Papa schickt einen Flugkuss durch das Zimmer. Und alle Kinder rollen mit den Augen.

Krisen und Konflikte

Auch für Staaten gilt: Streit ist erst mal normal. Länder haben unterschiedliche Interessen und müssen darüber miteinander verhandeln. Und in der Weltfamilie herrscht viel Uneinigkeit. Oft geht es darum, wem ein bestimmtes Stück Land oder eine Insel gehört oder auch ein Stück Meeresboden. Dort liegen dann oft wertvolle Mineralien oder man hat so einen guten Zugang zu Wasser. Oder ein Land möchte nicht so viele Gebühren (Zölle) auf Waren bezahlen, die seine Firmen in einem anderen Land verkaufen. Viele solcher Unstimmigkeiten können diplomatisch gelöst werden und man einigt sich friedlich.
Manchmal fängt eine Regierung auch einen Streit mit einem anderen Land an, um von inneren Problemen abzulenken, die ihre eigenen Bürger*innen sehr ärgern. Solche Regierungen sind fast immer undemokratisch.
Manchmal gibt es auch schon sehr lange Streit zwischen zwei Ländern. Vielleicht haben sie sogar schon einmal einen Krieg gegeneinander geführt und stehen sich noch immer feindselig gegenüber. Ein gutes Beispiel dafür sind die beiden Staaten Nord- und Südkorea. Kleinigkeiten können wieder zu neuem Streit führen.
Wird ein Streit zwischen Ländern so schlimm, dass er ihre Beziehung insgesamt sehr verschlechtert, spricht man meistens von einem Konflikt oder einer Krise. Dann ergreifen beide Seiten oft Maßnahmen, um sich (angeblich) zu schützen und dem anderen zu schaden. Sie verkaufen zum Beispiel der Gegenseite keine Nahrungsmittel mehr, die sie dringend braucht, oder verbieten ihr, selbst etwas bei sich zu verkaufen. Das nennt man dann einen Handelskonflikt oder sogar einen Wirtschaftskrieg. Oder man zieht die eigenen Diplomat*innen aus dem anderen Land ab und weist die fremden Diplomat*innen aus. Werden die diplomatischen Kontakte zwischen zwei Ländern eingeschränkt oder abgebrochen, kann es schnell ganz gefährlich werden, weil man nicht mehr direkt miteinander sprechen und verhandeln kann.

Der Kalte Krieg

Mit dem „Kalten Krieg" bezeichnet man einen Abschnitt in der Weltgeschichte etwa zwischen 1950 und 1990. Es war ein Konflikt zwischen den USA und der Sowjetunion und ihren Verbündeten. Beide Seiten behinderten und bedrohten sich. Es gab aber keinen direkten „heißen" Krieg.

WIE KOMMT ES ZUM KRIEG?

An Janas Schule ist es zu einem unschönen Zwischenfall gekommen. Eine Klasse ist mit einer anderen in Streit geraten.
„Das ist total verrückt, beide Seiten behaupten, dass die anderen sie beleidigt hätten. Jetzt haben die richtig Krieg. Und ich glaube, sie wollen auch gar keine Lösung", sagt Jana.
„Es ist vielleicht mehr ein Konflikt", meint Papa. „Krieg ist, wenn zwei oder mehrere Staaten oder Völker sich mit Waffengewalt begegnen. Die Gründe für einen Krieg sind vielfältig. Entweder will ein Land sein Territorium ausweiten, aus strategischen oder wirtschaftlichen Gründen. Oder es stecken religiöse oder ideelle Motive dahinter. Manchmal werden Kriege militärisch beendet oder durch Abkommen. Und manchmal auch gar nicht. Dann schwelt ein Krieg!"

Gibt es Regeln im Krieg?

Auch im Krieg gibt es Regeln. Das klingt merkwürdig, aber so soll verhindert werden, dass die Gewalt eskaliert und alle Menschlichkeit verloren geht. Das sogenannte Humanitäre Völkerrecht soll für den Schutz von Zivilisten, aber auch der Umwelt, von wichtigen Kulturgütern und von Straßen und Häusern sorgen. Auch die Behandlung von Verwundeten und von Kriegsgefangenen ist geregelt. Bestimmte Waffen sind streng verboten. Auch im Krieg gibt es also Gesetze und Verbrechen, die gegen sie verstoßen. Leider werden aber viele dieser Verbrechen nicht gut genug verfolgt, obwohl es seit 2002 mit dem Internationalen Strafgerichtshof in Den Haag extra ein Gericht dafür gibt.

Die weiße Fahne

ist das Zeichen für Kapitulation, also Ergebung. Seit 1907 ist sie im Völkerrecht festgeschrieben. Es gibt Aufzeichnungen, dass schon die römischen Legionäre (Soldaten eines Heers) im 2. Jh. n Chr. die weiße Fahne als Schutzzeichen gehisst haben.

KRIEG IST EIN ALTES HANDWERK

„So schrecklich das klingt, aber Krieg war früher mal an der Tagesordnung. Und die militärische Grundausbildung war verpflichtend. In manchen Ländern ist das heute noch so. In Deutschland erleben wir seit dem Zweiten Weltkrieg eine Phase des Friedens. Wir haben viel über die Schuld Deutschlands am Zweiten Weltkrieg nachgedacht, damit sich so etwas nie mehr wiederholt", sagt Papa.
Anna meint, dass Krieg nie eine Lösung ist. Leon findet Waffen eigentlich schon ganz cool und erntet von Anna und Jana einen bösen Blick. Da kommt Mama aus dem Büro nach Hause und schwingt den Regenschirm wie ein Schwert. „Das darf doch nicht wahr sein: Der Paketdienst hat mein Päckchen in den Vorgarten gelegt und jetzt ist es ganz durchweicht."
„Da seht ihr, auch eure friedliche Mutter kann zur Amazone werden!"
„Was ist denn eine Amazone?", fragt Jana.
„In den Mythen des antiken Griechenlands werden sie Reiterkriegerinnen genannt. Vielleicht gab es damals Gruppen, die nur aus Frauen bestanden. Und die fackelten eben nicht lange, wenn ihnen jemand blöd kam!" Papa guckt sich vorsichtig um. Jana, Anna und Mama sehen ihn an. Papa holt ein weißes Taschentuch raus und ruft: „Frieden!"

Was ist ein Krieg?

Ein Krieg ist ein bewaffneter Kampf zwischen zwei Gruppen, der viele Menschen in einem größeren Gebiet mit einbezieht. Oft stehen sich dabei zwei oder mehrere Staaten gegenüber. Es gibt aber auch sogenannte Bürgerkriege, wenn in einem Land mehrere Gruppen gegeneinander kämpfen. Im Krieg will die eine Seite der anderen ihren Willen mit Gewalt aufzwingen. Ein Kompromiss soll nicht erreicht werden, sondern man will sich vollständig durchsetzen, indem man den anderen besiegt.

Nach dem Ende des Zweiten Weltkriegs (1939-1945) wurde mit den Vereinten Nationen eine internationale Organisation gegründet, die Kriege mit den Mitteln der Diplomatie verhindern sollte. Die Charta, der Gründungsvertrag der Vereinten Nationen, verbietet allen ihren Mitgliedern jeden kriegerischen Angriff auf einen anderen Staat oder seine militärische Erpressung. Und Artikel 26 des deutschen Grundgesetzes bezeichnet alle Vorbereitungen eines Angriffskriegs als strafwürdig.

Kriege können ganz unterschiedliche Ursachen haben. Der sogenannte Dreißigjährige Krieg (1618-1648) hatte vor allem religiöse Wurzeln im Streit zwischen Katholiken und Protestanten, er war ein Religionskrieg. Ebenso wie die mittelalterlichen Kreuzzüge. Der Zweite Weltkrieg begann als Eroberungskrieg der Deutschen, die große Teile Europas beherrschen wollten. In einem Bürgerkrieg möchte vermutlich eine Gruppe die Macht im Land übernehmen oder selbst einen Staat gründen und unabhängig werden.

Manche Kriege sind Ausdruck des Hasses einer Gruppe auf eine andere. Es sollen möglichst viele Menschen der anderen Gruppe getötet werden. Es kann zu einem Völkermord kommen. Das schrecklichste Beispiel dafür ist die Shoah, die millionenfache Ermordung von Juden durch die Deutschen und ihre Helfer während des Zweiten Weltkriegs.

Die Hauptleidtragenden in Kriegen sind nicht die Soldat*innen und ganz sicher nicht die Politiker*innen, die sie lostreten. Meistens sterben viel mehr Zivilisten, also Menschen, die nicht beim Militär sind.

Krieg gestern und heute

„Der Krieg ist eine bloße Fortsetzung der Politik mit anderen Mitteln", schrieb Carl von Clausewitz (1780–1831), preußischer General, Militärreformer und Begründer der modernen Kriegstheorie in seinem Hauptwerk *Vom Kriege*. Heute ist man allerdings mehr der Ansicht, dass Krieg nicht mehr die Fortsetzung, sondern das Ende der Politik ist.

WARUM GIBT ES DAS MILITÄR?

Anna hat im Zug viele Soldat*innen gesehen, die nach Hause fuhren. „Voll gruselig sah das aus, alle in diesen Tarnanzügen, als ob sie gleich in den Krieg ziehen."
„Wenn die den Befehl kriegen, müssen sie das auch tun und zwar auf der Stelle!", sagt Opa. „Sie haben die Aufgabe, ihr Land zu verteidigen. Allerdings ist unsere Bundeswehr mehr darauf trainiert, für Frieden in anderen Ländern zu sorgen. Soldat*innen werden auch bei Naturkatastrophen oder zur Seuchenbekämpfung eingesetzt. Man kann bei der Bundeswehr auch studieren, den LKW-Führerschein machen und sogar Eselsführer werden." Das interessiert Leon. „Echt? Was machen die Esel denn so?"
„Die bringen Proviant in schwer zugängliche Gebiete wie hohe Berge", erklärt Opa.
Jana ruft: „Dann geh ich da auch hin als Eselsoldatin!"

FRIEDEN WAHREN

Oma bremst den Eifer der Kinder. „Ihr stellt euch das jetzt recht idyllisch vor. Das ist es aber nicht. Viele, die sich für die Armee verpflichten, machen sich nicht klar, was das bedeutet. Wenn Soldat*innen Einsätze in fremden Ländern haben, kann das schnell gefährlich werden – auch wenn unsere Soldat*innen eine Friedensmission haben und gerade nicht für die Landesverteidigung arbeiten, braucht doch jedes Land so eine Verteidigungstruppe. Für den Notfall."
„Stimmt nicht, es gibt Länder ohne eigene Armee", sagt Anna. „Andorra, Liechtenstein, Vatikanstaat, Panama, Monaco, San Marino und Island."
„Und was wäre, wenn kein Land Soldat*innen hätte? Gäbe es dann keinen Krieg mehr?", fragt Jana.
„Leider ist es nicht so einfach, auch ohne sie wird es Auseinandersetzungen geben, Menschen werden sich bewaffnen", sagt Oma.

Soldat und Soldatin, ein alter Beruf

Männer, deren Beruf das bewaffnete Kämpfen ist, gibt es schon lange in der Geschichte der Menschen. Ein bekanntes Beispiel aus der Antike sind die römischen Legionäre. Ihre Disziplin und Ausrüstung machte sie sehr erfolgreich und gefürchtet. Von Soldaten oder Soldatinnen spricht man heute, wenn man die Angehörigen des Militärs eines Staats meint. Ihr Name kommt von ihrem Lohn, dem „Sold". In einer modernen Armee haben die Soldaten und Soldatinnen viele verschiedene Aufgaben. Sie können einen Panzer fahren, sich als Sanitäter*in um Verwundete kümmern, eine Taucherausbildung haben oder verantwortlich für die Technik bei der Luftwaffe sein.

Kinder-soldat*innen

Es gibt sogar Länder, da werden Kinder zu Soldat*innen ausgebildet. Meist werden die Kinder dazu gezwungen. Ca. 300 000 Kindersoldat*innen soll es heute noch geben.

Wehrpflicht und Kriegsdienstverweigerung

In manchen Staaten gibt es die Pflicht, eine Zeit lang in der Armee zu dienen. Alle Bürger*innen sollen so etwas für die Gesellschaft tun und, wenn das Land angegriffen wird, bei der Verteidigung helfen. Die Wehrpflicht kann ein Jahr oder auch mehrere Jahre dauern. Fast überall gilt sie nur für Männer. Eine bekannte Ausnahme ist Israel. Auch in Norwegen gilt inzwischen die Wehrpflicht für Frauen. Die meisten Staaten haben aber eine Berufsarmee, d. h., die Soldat*innen sind freiwillig dort, nicht weil sie verpflichtet sind. In Deutschland ist die Wehrpflicht seit 2011 ausgesetzt. Das bedeutet, dass es sie zwar noch gibt, dass sie aber nicht angewandt wird.
In demokratischen Staaten kann man den Wehrdienst aus religiösen oder ethischen Gründen verweigern. In Deutschland steht dieses Recht in Artikel 4 des Grundgesetzes. Bei uns und in einigen anderen Ländern musste dann bzw. muss ein Ersatzdienst geleistet werden. Kriegsdienstverweigerer leisten oft sehr wichtige soziale Arbeit in Krankenhäusern, Altenheimen, Kindergärten, Rettungsdiensten etc. Dieser Zivildienst dauert in der Regel länger als der Wehrdienst. Oft wurden Kriegsdienstverweigerer in Deutschland auch als „Drückeberger" beschimpft, weil sie ihrem Gewissen folgten. Seit 1987 gilt das Recht auf Kriegsdienstverweigerung als Menschenrecht. Besonders mutig waren die Männer, die im nationalsozialistischen Deutschland den Soldatendienst aus Gewissensgründen verweigert haben. Eine solche Weigerung wurde mit dem Tod bedroht.

Die Soldaten des Papstes

Auch der katholische Papst hat Soldaten. Die Schweizergarde gibt es schon über 500 Jahre. Die 135 Männer, alles echte Schweizer, bewachen den Vatikan in Rom und schützen den Papst.

Friedenstruppen

Soldaten, die Frieden schaffen? Die Vereinten Nationen können solche Friedenstruppen schicken, um kriegerische Auseinandersetzungen zu unterbrechen, die Einhaltung eines Waffenstillstands zu überwachen oder humanitäre Hilfe zu leisten. Die Vereinten Nationen haben keine eigene Armee, die Soldaten der Friedenstruppen werden von Staaten zur Verfügung gestellt. Man nennt sie nach der Farbe ihrer Helme auch „Blauhelme". Seit 1948 gab es über 70 solcher Einsätze weltweit. In Europa zum Beispiel in Bosnien-Herzegowina. 1988 wurden die Blauhelme mit dem Friedensnobelpreis ausgezeichnet.

WAFFEN JA ODER NEIN?

Oleg findet, dass alle Länder helfen müssen, damit seine Heimat gewinnt. Dazu braucht die Ukraine Waffen. „Ich verstehe nicht, warum nicht die ganze Welt Waffen liefert?"
Papa wiegt den Kopf. „Deutschland hat vor der Welt das Versprechen abgegeben, dass es nie wieder so etwas Schreckliches wie den Zweiten Weltkrieg gibt. Und auch alle anderen Regierungen bemühen sich darum, dass sich die Situation nicht zuspitzt, damit es keinen Weltkrieg gibt. Am besten wäre es, wenn man alles mit Verhandlungen klären könnte. Aber die Gegenseite ist nicht verhandlungsbereit. Der Krieg wird mit Waffen geführt. Es wäre einfacher, wenn es gar keine Kriege gäbe, aber das bleibt ein Traum." Papa sieht Oleg verständnisvoll an.

WAFFEN ZUM ZWECK?

Mama kommt vom Einkaufen und mischt sich ins Gespräch ein.
„Eben auf dem Markt habe ich mit einem Jäger gesprochen. Für ihn ist der Einsatz von Waffen ganz normal", erzählt Mama. „Er sorgt für ein Gleichgewicht im Wald und wer Fleisch bei ihm kauft, unterstützt das artgerechte Leben der Wildtiere."
Opa kommt dazu und sagt: „Ohne Waffen wären wir heute ausgestorben. Vor 30 000 Jahren haben sich unsere Vorfahren damit ihre Nahrung gesichert und sich verteidigt. Manchmal genügte es auch schon, die Waffe zu zeigen. Offensichtlich haben wir dieses Verhalten gespeichert. Genauso wie wir gespeichert haben, dass süße, fettige Sachen satt machen.
Vor 30 000 Jahren war das überlebenswichtig.
Wer sich den Bauch mit Honig vollgeschlagen hat, hielt besser durch als jemand, der nur Kräuter futtern konnte." Leon grinst. „Heißt das, dass wir heute Pommes und Eis kriegen?"

Waffengesetze

In vielen Ländern sind der Kauf und der Besitz von Waffen reguliert. Wenn der Staat mit der Polizei und dem Militär für Frieden nach innen und außen sorgt, so die Idee, sollen alle anderen auf Waffen verzichten. Es gibt Waffen, die für Privatleute vollständig verboten sind, zum Beispiel Maschinenpistolen, in Deutschland auch sogenannte Springmesser. In Europa muss man in den meisten Ländern den Besitz und das Mitführen von Waffen beantragen und dafür einen guten Grund haben. Jäger*innen oder Schießsportler*innen können mit Genehmigung Waffen zur Ausübung ihres Handwerks bzw. Sports besitzen und mit sich führen. Aber dafür gibt es strenge Regeln.

Rüstung

Beim Begriff Rüstung denken wir an Ritter. Diese Schutzkleidung aus Metall oder Leder gab es aber nicht nur im Mittelalter. Heute trägt die Polizei oder das Militär kugelsichere Westen, wenn es gefährlich wird.

Abrüstung

Während des sogenannten Kalten Krieges standen sich die beiden Supermächte USA und Sowjetunion feindselig gegenüber. Beide Seiten verfügten über eine große Menge an Atomwaffen. Solche Waffen haben eine enorme Zerstörungskraft und vergiften die Umwelt durch die freigesetzte Radioaktivität. Wäre es zu einem Atomkrieg gekommen, wäre die ganze Menschheit getötet worden. Bisher sind in einem Krieg nur einmal Atomwaffen eingesetzt worden.
Die beiden japanischen Städte Hiroshima und Nagasaki wurden 1945 am Ende des Zweiten Weltkriegs von zwei amerikanischen Atombomben zerstört. Hunderttausende Menschen starben.
Um die Gefahr eines Atomkriegs zu verringern, gibt es immer wieder Bemühungen, die Anzahl der Atomwaffen zu verkleinern. Das nennt man Abrüstung. Vor allem die USA und die Sowjetunion (bzw. später Russland) haben dazu Verträge abgeschlossen.
Aber es gibt es immer noch viel zu viele Atomwaffen. Nach Amerika hat Russland besonders viele davon. Aber auch China, Frankreich, Großbritannien, Indien, Pakistan und vermutlich Israel und Nordkorea haben Atombomben.
Abrüstung ist sehr wichtig, wenn man den Frieden bewahren will. Das gilt nicht nur für Atomwaffen. Viele Organisationen der Friedensbewegung setzen sich für mehr Abrüstung ein. Dazu sollen nicht nur Waffen zerstört werden, sondern vor allem auch die Produktion von Waffen und der Handel mit ihnen stärker eingeschränkt und kontrolliert werden.

Ballerspiele

Viele Jugendliche kennen die Diskussion mit ihren Eltern über gewalttätige Videospiele. Oft geht es um sogenannte Ego-Shooter. Dabei schaut man durch die Augen einer Figur und sieht eine Hand mit einer Waffe, die man einsetzt, um auf Gegner zu schießen oder Gebäude zu zerstören. Ob das Spielen solcher Spiele Menschen im echten Leben aggressiver macht, darüber wird viel diskutiert. Die Wissenschaft geht meist davon aus, dass solches „Gaming" allein nicht für echte Gewaltausbrüche verantwortlich ist. Andere Dinge sind wichtiger: Hat jemand gute Freunde und Freundinnen und eine liebe Familie? Wie viel Zeit wird mit den Spielen verbracht, ist es vielleicht schon eine richtige Spielsucht? Hat jemand sonst psychische Probleme? Und obwohl die Wirkung von gewalttätigen Videospielen umstritten ist: Sind solche Inhalte, also die brutale Gewalt gegenüber Menschen, nicht auf jeden Fall falsch?

WAS IST EIGENTLICH FRIEDEN?

„Wenn wir nicht streiten, ist das dann eigentlich schon Frieden?", fragt Jana. Opa lacht. „Ziemlich gute Frage. Bei den antiken Griechen, für die Krieg der Normalzustand war, galt die Abwesenheit von Krieg als friedliche Zeit. Für die Römer, die ebenfalls nicht zimperlich waren, was Kriege betraf, war Frieden eine Sache der Verhandlung. Das lateinische Wort *pax* = Frieden stammt vom lateinischen *pangere* = einen Vertrag schließen. Und im Christentum wird Jesus als Friedensfürst bezeichnet, der die Feindschaft zwischen Gott und Mensch beenden soll. Die großen christlichen Kirchen haben diesen Punkt sehr unterschiedlich diskutiert. Und nicht nur das, es kam deswegen zu Glaubenskriegen." „Puh", sagt Leon, „und was genau ist jetzt Frieden, wenn jeder was anderes darunter versteht?"

Was ist Neutralität?

Wenn jemand in einem Konflikt keine Stellung bezieht, ist diese Person oder Gruppe neutral. Streitschlichter müssen sogar neutral sein. Nur dann sind sie unparteiisch. Neutral zu sein kann also helfen, Frieden zu stiften oder ihn zu bewahren.
Neutralität gibt es auch in der Politik. Ein Staat ist dann neutral, wenn er sich nicht in einen Streit oder Konflikt einmischen möchte. Bei manchen Staaten steht das sogar in der Verfassung. Das beste Beispiel dafür ist die Schweiz. Als kleines Land hat sie ihre Unabhängigkeit am besten durch Neutralität bewahrt.
Manchmal wollen Staaten mit ihrer Neutralität auch ihre Friedlichkeit verbessern. Costa Rica ist nicht nur neutral, es hat auch gar keine Armee – und ist eines der fortschrittlichsten und friedlichsten Länder in Mittelamerika. Solange nicht alle friedlich sind, ist es schwer, immer neutral zu sein. Man kann dann nämlich auch nicht denjenigen helfen, die unrechtmäßig angegriffen werden.

WELCHEN WERT HAT FRIEDEN?

Anna sagt: „Im Idealfall sieht eine friedliche Welt so aus: Alle Menschen sind gleich. Alle haben dieselben Rechte, der Alltag ist frei von Sorgen und Schmerzen. Alle verdienen gleich viel und haben dieselben Möglichkeiten. Andere Lebewesen werden nicht gequält oder getötet und die Natur wird nicht zerstört. Konflikte werden friedlich gelöst. Alle haben sich lieb und verzeihen einander alles!"
„Wo gibt es das denn?", fragen Leon, Jana und Oleg wie aus einem Mund.
„Leider nirgends, es ist eine Utopie. Denn Menschen sind unterschiedlich, haben Gefühle und einen freien Willen und man kann niemandem verordnen, völlig gleich zu leben. Es gab Utopieversuche, aber die haben nie funktioniert. Auch weil die Bedingungen auf der Welt sehr unterschiedlich sind. Eine Gruppe lebt auf einem Vulkan, wenn der ausbricht, ist alles kaputt. Andere Menschen werden krank und können nicht mehr arbeiten. Und nicht alle Menschen sind lieb!"

Das Wort Frieden

stammt vom althochdeutschen *fridu* = Freundschaft. Heute bezeichnet man es als politischen Frieden, wenn Konflikte zwischen Staaten ohne Gewalt ausgetragen werden.

Friedensgrüße

Im Hebräischen und Arabischen sind die Grußworte ähnlich: *Shalom* und *Salam*. Beide heißen so viel wie „miteinander Frieden schließen".

In der katholischen Kirche verabschiedet der Pfarrer oft seine Gemeinde mit dem lateinischen *pax vobiscum*, was so viel heißt wie „Der Friede sei mit euch".

Wie alt ist Frieden?

I Ging heißt eine chinesische Handschrift aus dem 3. Jahrtausend v. Chr. Sie sagt in etwa, dass alle Kräfte, wenn sie im Einklang sind, auf der Welt einander ergänzen und zu fruchtbaren Veränderungen führen – ja, zu Harmonie. Dieser ganz frühe Friedensgedanke ist nun 5000 Jahre alt und wird immer noch rege diskutiert. Das Zeichen für I Ging sind die ineinandergeschlungenen Elemente Yin und Yang.

Friedliche Lösungen

Nach einem Streit, einem Konflikt, einem Krieg kann es durchaus friedliche Lösungen geben. Wichtig ist, dass alle Parteien die Lösungen mittragen. Vorher müssen allerdings wichtige Schritte unternommen werden:

- **Gespräche über Vermittler*innen**: Die Vermittler*innen (Mediator*innen) versuchen, beide Seiten zu verstehen und zu vermitteln. Bei einem Rechtsstreit werden Anwält*innen eingeschaltet und oft auch gerichtliche Mediator*innen.
- **Kompromisse finden**: Alle Parteien willigen ein, dass sie auf alle oder Teile ihrer Forderungen verzichten.
- **Verträge schließen**: Nach manchen Kriegen werden Friedensverträge zwischen Ländern geschlossen. Sie gehen weit über einen Waffenstillstandsvertrag hinaus. Nicht immer führen Friedensverträge auch zum Frieden. Oft werden die Friedensverträge mit Bedingungen verknüpft, die von den besiegten Mächten schwer zu erfüllen sind. Das führt zu sozialem Unfrieden und möglicherweise wieder zu Krieg. Ein Beispiel dafür sind die Friedensverträge von Versailles nach dem Ersten Weltkrieg, die von den Nationalsozialisten in Deutschland dazu benutzt wurden, Unfrieden zu stiften.

Utopie

heißt so viel wie „unmögliche Welt" und bezeichnet eine zukünftige Welt unter Idealbedingungen. Es gab Versuche, Utopien zu schaffen, zum Beispiel mit festen Gemeinschaften, die entweder mit starken oder gar keinen Regeln auskommen mussten. Aber die Idealwelt bleibt ein unerfüllter Traum.

Internationaler Tag der Neutralität

ist der 12. Dezember

WELTFRIEDEN WAHREN

Oleg und seine Mutter sind sehr besorgt, denn im Zusammenhang mit dem Krieg in ihrer Heimat sind viele Kriegsverbrechen passiert. Die Gegner haben Zivilist*innen gefoltert und getötet.
Jana fragt: „Aber ist im Krieg nicht alles erlaubt?“ Papa antwortet: „Auch im Krieg gelten Regeln. Nur Soldat*innen dürfen mit Soldat*innen kämpfen. Es sollten nur militärisch wichtige Gebäude getroffen werden. Und Foltern ist immer ein Verbrechen. Kriegsverbrechen sind ein Fall für den Europäischen Gerichtshof, der sich mit Kriegsverbrechern beschäftigt.“
Anna mischt sich ein. „Die Menschenrechte gelten auch in Kriegszeiten, so seltsam das klingt. Alle Menschen haben das Recht auf Freiheit und Schutz. Wenn ein Staat die Menschenrechte verletzt, kann er angeklagt werden.“

Ideen vom ewigen Frieden

Keine Kriege mehr irgendwo – die Idee vom Weltfrieden inspiriert. Schon in der Bibel ist *Vom Frieden auf Erden* zur Geburt von Jesus die Rede. Der große Philosoph Immanuel Kant hat in seiner Schrift *Zum ewigen Frieden* vor über 225 Jahren versucht zu beschreiben, mit welchen Mitteln ein dauernder Frieden gestiftet werden kann. Dazu sollten unter anderem Armeen schrittweise abgeschafft werden, alle Staaten sollten „Republiken“ werden und für alle sollte ein Völkerrecht gelten. Das sind Ideen, die bis heute wichtig sind. Das erste Ziel der Vereinten Nationen ist ausdrücklich, den Weltfrieden und die internationale Sicherheit zu wahren.

KOMISCHE WÖRTER

Opa erzählt, dass während und nach dem Dreißigjährigen Krieg (1618–1648), der in fast ganz Europa ausgetragen wurde, die Soldaten marodierend und brandschatzend über das Land gezogen sind und die Menschen in Angst und Schrecken versetzt haben. Leon macht große Augen. Was sind denn das für Wörter? „Oft schlimmer als die eigentlichen Kampfhandlungen sind für die Menschen die Begleiterscheinungen. Zum Beispiel, wenn ausgemusterte oder desertierte Soldaten versuchen, Geld, Güter und Land zu erpressen. Meist sind sie in Banden organisiert und arbeiten mit Androhung von Gewalt, wie Folter, Brandlegung, dem sogenannten Brandschatzen, oder Vergewaltigungen. Man nennt sie Marodeure.“ Leon macht ein erschrockenes Gesicht!

Der Krieg vor Gericht

Auch in einem Krieg gilt zwischen den kämpfenden Staaten das Völkerrecht. Es regelt die Beziehungen zwischen den Staaten. Wer gegen diese Regeln verstößt, zum Beispiel, indem er oder sie Zivilist*innen angreift, verbotene Waffen verwendet, Städte plündert und zerstört oder Menschen foltert oder zur Arbeit zwingt, kann als Kriegsverbrecher behandelt werden. Kriegsverbrecher zu überführen, ist oft schwierig.
Von Kriegsverbrechen spricht man eigentlich erst seit etwa 75 Jahren, auch wenn es schon Anfang des 20. Jahrhunderts Versuche gab, Kriegsverbrechen gerichtlich zu verfolgen.
Wegen der schrecklichen Verbrechen während des Zweiten Weltkriegs wurden seit 1945 in den sogenannten Nürnberger Prozessen zahlreiche Verantwortliche des Nationalsozialismus angeklagt und verurteilt. Viele Kriegsverbrechen in anderen Kriegen blieben allerdings ungestraft. In den 1990er-Jahren wurden extra internationale Gerichte der Vereinten Nationen eingerichtet, um die Kriegsverbrechen in den Jugoslawienkriegen (seit 1994) und in Ruanda (1994) zu untersuchen.
Erst seit 2002 gibt es mit dem Internationalen Strafgerichtshof in Den Haag eine internationale Einrichtung, die gezielt für die Verfolgung von Kriegsverbrechen, Verbrechen gegen die Menschlichkeit, Völkermord oder Angriffskriegen zuständig ist.
Allerdings haben viele große Staaten wie die USA, Russland, China, Indien, die Türkei oder Indonesien den dazugehörigen Vertrag nicht unterzeichnet oder ihre Unterschrift zurückgezogen.

Sanktion, Embargo, Boykott

Wenn eine Regierung oder die Herrschenden selbst in Kriegsverbrechen oder Verbrechen gegen die Menschlichkeit verwickelt sind, können die Vereinten Nationen Strafen (Sanktionen) gegen sie verhängen. Dabei geht es unter anderem um die „Unterbrechung der Wirtschaftsbeziehungen", der Eisenbahn, des See- und Luftverkehrs sowie der Kommunikation. Das bedeutet z.B., dass keine Waren mehr in das Land gebracht werden und auch keine mehr hinaus. Das nennt man auch Embargo. Oft bezieht sich ein Embargo auf bestimmte Güter wie Öl oder Waffen. Oder es werden die ausländischen Bankkonten einer Regierung beschlagnahmt. Den Begriff Boykott verwendet man ähnlich, um zu sagen, dass man den Handel oder die Diplomatie mit einem Staat unterbricht, weil er sich falsch verhält und dies ändern soll.

MIT VEREINTEN KRÄFTEN

Vielleicht wird es doch was mit dem neuen Sportplatz", sagt Jana. „Unsere Schule hat sich jetzt mit zwei anderen Schulen zusammengetan, deshalb sieht es gut aus. Schließlich haben dann drei Schulen was davon."
„Und wir haben uns mit drei Nachbargemeinden darauf geeinigt, dass wir eine gemeinsame Müllverbrennungsanlage bauen. Dann muss der Müll nicht ewig weit weggefahren werden, wir müssen weniger bezahlen und die gewonnene Wärme können wir als Heizkraft nutzen", berichtet Papa, und Mama sagt: „Auch Länder tun sich zusammen. Sie wollen wirtschaftlich, außenpolitisch und kulturell an einem Strang ziehen. Und sie wollen schwächere Länder stützen. So soll vermieden werden, dass einzelne Länder zu mächtig werden oder andere so schwach sind, dass sozialer Unfrieden entsteht."

Entwicklungshilfe

Wer reich ist, sollte denen etwas abgeben, die nicht so viel haben. Vor allem die Vereinten Nationen bemühen sich darum, Geld von den reicheren Ländern zu bekommen, um damit Menschen in ärmeren Ländern zu helfen. Es gibt die Hilfe in Not, wenn zum Beispiel eine Missernte dazu führt, dass es nicht mehr genug zu essen gibt.
Und es gibt die sogenannte Entwicklungshilfe. Dabei wird versucht, in den ärmeren Ländern Dinge so zu verbessern, dass die Menschen dort sich in Zukunft selbst helfen und ihre Lage verbessern können. Viele Länder, auch Deutschland, haben eine eigene Entwicklungspolitik und sogar ein Ministerium in der Regierung dafür. Eine wichtige Rolle bei der Entwicklungshilfe spielen auch Nichtregierungsorganisationen, wie z.B. das Rote Kreuz.

FRIEDLICH BLEIBEN

Leon pustet die Backen auf. „Wenn es nicht bald was zu essen gibt, drehe ich durch. Dann kriege ich richtig schlechte Laune!"
„Das lässt sich übertragen. Länder, in denen Hunger, Armut und soziale Ungerechtigkeit herrschen, sind schlechte Bündnispartner. Deshalb versucht man in der Weltpolitik, Allianzen zu schließen."
„Ich kenne nur die Allianz Arena, da geht es aber nicht immer friedlich zu, wenn die Fußballfans ausrasten!", sagt Leon.
„Schönes Beispiel", sagt Papa. „Im alten Rom hat man dem Volk Brot und Spiele geboten. Mit dem Ziel, dass es die Herrschenden nicht anzweifelt und keine Fragen stellt. Das ist heute natürlich anders. Die Länderzusammenschlüsse bemühen sich um gute Lösungen, sie wollen, dass ihre Bürger*innen in Sicherheit leben und dass kein Land einen Sonderweg geht. Klappt leider nicht immer. Großbritannien ist aus der EU ausgetreten. Unsere Freunde bleiben die Briten aber trotzdem. Wir haben ja zum Glück noch andere Bündnisse miteinander."

Internationale Zusammenarbeit

Schon früher haben Gelehrte davon geträumt, eine Welt zu schaffen, in der Staaten ihre Konflikte möglichst friedlich austragen. Das Völkerrecht sollte dafür die Grundlage bilden, indem es die Regeln für den Umgang der Völker untereinander festlegte.
Nach den schrecklichen Erfahrungen des Ersten Weltkriegs wurde 1920 mit dem Völkerbund eine alle Länder umfassende Organisation gegründet. Nach dem Zweiten Weltkrieg wurde 1945 mit den Vereinten Nationen (englisch: United Nations, UN, auch UNO) in New York, USA, ein neuer Versuch unternommen. Hauptziele der UN sind der Weltfrieden, die Verbesserung der internationalen Zusammenarbeit und die Durchsetzung der Menschenrechte. Den Vereinten Nationen gehören heute fast alle Staaten der Erde (193) an. Zu den Meilensteinen der UN gehört die Allgemeine Erklärung der Menschenrechte. Die Vereinten Nationen und ihre vielen Organisationen bekämpfen unter anderem Armut, Hunger und Seuchen, versuchen den Zugang zu Trinkwasser zu verbessern, Kinder vor Ausbeutung zu schützen und ihnen eine Schulbildung zu ermöglichen, und sie unterstützen die Millionen Geflüchteten weltweit. Aber auch Drogen- und Seuchenbekämpfung, Bildung oder Landwirtschaft gehören zu ihren Themengebieten. Der Internationale Gerichtshof in Den Haag gehört ebenfalls zur UN.
Die UN ist die Organisation, die bisher die meisten Friedensnobelpreise erhielt. Sie entsendet auch Blauhelm-Soldaten in Kriegsgebiete, um Frieden zu sichern. Der Vorsitzende der UN ist derzeit António Guterres.

Wenn sich Länder zusammenschließen

Was für uns einzelne Menschen gilt, gilt auch für Staaten und Völker. Jeder braucht mal Hilfe. Ohne Freund*innen geht es nicht. Mit den Nachbarn sollte man sich irgendwie verstehen. Viele Staaten schließen sich zusammen. Oft sind das nicht nur zwei Länder, sondern ganze Staatengruppen. Der Zweck solcher Bündnisse ist unterschiedlich. Es gibt Militärbündnisse wie die NATO. Die Staaten eines solchen Bündnisses versprechen sich militärische Unterstützung, sollte einer von ihnen angegriffen werden. Oft geht es um Wirtschaftsbeziehungen, indem es einfacher gemacht wird, beim anderen Waren einzukaufen. Die Westafrikanische Wirtschaftsgemeinschaft ECOWAS zum Beispiel umfasst 15 Staaten.

Die Europäische Union

Ein besonderes Bündnis ist die Europäische Union. Zu ihr gehören 27 europäische Staaten. Ursprünglich sollte die EU vor allem Wirtschaft und Handel verbessern. Inzwischen ist sie viel mehr. Innerhalb der EU können ihre Bürger*innen frei reisen und sich überall niederlassen und arbeiten. Die EU hat eine eigene Exekutive (Europäische Kommission), Legislative (Europäisches Parlament) und eine Judikative (Europäischer Gerichtshof). Viele Staaten der EU teilen sogar die Geldwährung, den Euro. Die EU ist ein gutes Beispiel dafür, wie sehr friedliche Zusammenschlüsse das Leben für alle verbessern.

FRIEDENSBOTSCHAFTER

Oleg und Leon kommen aufgeregt vom Fußballplatz. Eine Gruppe Jungs wollte sie nicht mitspielen lassen, mit der Begründung, ihre Mannschaften seien schon voll.
„Was? Ist ja frech! Der Sportplatz gehört doch allen Kindern, oder?", fragt Anna.
„Natürlich! Man muss einfach Wege finden, wie alle zur selben Zeit gut auf demselben Platz spielen können", sagt Mama.
„Die haben uns gar nicht zugehört. Am Ende wollte uns noch einer wegschubsen", sagt Leon. Seine Stimme bebt. Ungerechtigkeit regt ihn auf.
„Die waren voll aggro!", ergänzt Oleg.
„Ihr braucht dringend eine Friedensbotschafterin. Am besten, ihr nehmt mal Anna mit, sie soll vermitteln. Das hat sie in ihren Mediationskursen gelernt", sagt Papa und lächelt. Aufgaben verteilen kann er ziemlich gut.

MISSION FRIEDENSBOTSCHAFTER*IN

„Was machen denn Friedensbotschafter*innen genau? Und kann das jeder werden?", fragt Leon.
Papa erklärt: „Die UN setzt hauptsächlich prominente Leute als Friedensbotschafter*innen ein, also wenn du im Sport, in der Kunst, als Schauspieler oder Musikerin ziemlich berühmt wirst, könntest du das werden! Dazu müsstest du einfach nur ganz fleißig und regelmäßig Klavier üben!"
Leon grummelt vor sich hin: „Mit dem Klavier stehe ich auf Kriegsfuß!"
„Oha, gleich so schlimm?" Papa lacht. Und Oleg fragt: „Was ist denn ein Kriegsfuß?"
Das weiß Papa selbst nicht so genau. Stattdessen antwortet er: „Die Promis sind ein gutes Aushängeschild für die UN, sie treten öffentlich auf und engagieren sich für humanitäre Hilfe."
„Humanitär? Was ist denn das schon wieder?", fragt Leon und verdreht die Augen.

Der Kriegsfuß

So hat man früher die Soldaten einer Armee bezeichnet, die sich für den Krieg marschbereit machen mussten. Das Sprichwort „auf dem Kriegsfuß stehen" hat die Zeit bis heute überdauert. Das Wort Friedensfuß, das die Armeestärke in Friedenszeiten bezeichnet, ist nicht so geläufig.

Berühmte Friedensbotschafter*innen früher und heute

- Michael Douglas (Schauspieler)
- Jane Goodall (Verhaltensforscherin)
- Yo-Yo Ma (Cellist)
- Prinzessin Haya von Jordanien
- Daniel Barenboim (Pianist und Dirigent)
- Paulo Coelho (Schriftsteller)
- Midori Gotō (Violinistin)
- Charlize Theron (Schauspielerin)
- Stevie Wonder (Musiker)
- Leonardo DiCaprio (Schauspieler)
- Lang Lang (Pianist)
- Nadia Murad (Menschenrechtsaktivistin)
- Malala Yousafzai (Friedensaktivistin)
- Muhammad Ali (Boxer)
- George Clooney (Schauspieler)
- Luciano Pavarotti (Sänger)
- Elie Wiesel (Publizist)

Humanitäre Hilfe

(*humanitas* = lat. Menschlichkeit, Wohltätigkeit) bezeichnet Maßnahmen zum Schutz von Menschen, die von Krieg, Hunger oder anderen Katastrophen bedroht sind.

Die machen was!

Malala Yousafzai (geb. 1997) ist die jüngste Friedensnobelpreisträgerin. Malala kommt aus Pakistan, wo Mädchen keinen Zugang zu höherer Bildung bekommen. Schon als 11-Jährige hat sie sich für die Ausbildung von Kindern eingesetzt. Bei einem Attentat wurde sie angeschossen und schwer verletzt. Heute ist sie weltweit für Kinderrechte unterwegs und hält Reden.

Leonardo DiCaprio (geb. 1974) ist US-amerikanischer Schauspieler und Oscar-Preisträger. Seit seiner Jugend engagiert er sich für Klimaschutz, unterstützt Rettungsaktionen von Meereslebewesen und sammelt Geld für Klimaprojekte.

Jane Goodall (geb. 1934) ist Verhaltensforscherin und hat bahnbrechende Erkenntnisse über frei lebende Schimpansen gewonnen. Seit Jahrzehnten engagiert sie sich für den Schutz von Menschenaffen und ihren Lebensraum, sie fordert eigene Rechte für die Tiere ein und Alternativen zu Tierversuchen.

Stevie Wonder (geb. 1950) ist ein erfolgreicher US-amerikanischer Soul- und Pop-Musiker, der seit seiner Geburt blind ist. Seit 1980 setzt er sich für Menschenrechte ein und erreichte, dass der Geburtstag des Bürgerrechtsaktivisten Martin Luther King in den USA ein Feiertag ist.

BERÜHMTE FRIEDENSVERTRÄGE

Konntet ihr euch mit den anderen einigen?", fragt Mama, als Anna mit Leon und Oleg wiederkommt. „Anna hat einen Vorschlag für einen Friedensvertrag gemacht, aber sie wollten ihn nicht annehmen", sagt Leon. Oleg nickt. „Die wollten einfach nur Stress machen!"
Mama wiegt den Kopf hin und her: „Manchmal dauert es mit dem Frieden. Die können nicht auf der Stelle klein beigeben, nur weil ihr mit eurer Schwester aufkreuzt."
„Gesichtsverlust-Gefahr!", fügt Papa hinzu. Anna schüttelt den Kopf. „Ich habe versagt!"
„Aber nein", sagt Mama, „ist doch bei euch genauso, wenn ihr sauer seid. Da dauert es auch, bis ihr euch beruhigt. Das hängt mit Prozessen im Körper zusammen. Bei Stress werden Hormone ausgeschüttet, die müssen erst mal abfließen. Friedensbeschlüsse brauchen auch zwischen Ländern oft ihre Zeit."

WELCHEN WERT HAT FRIEDEN?

„Der Ausdruck ‚das Gesicht verlieren' kommt wahrscheinlich daher, dass man bei Scham rot wird", erklärt Papa. „Und Scham ist einerseits wichtig, andererseits sind aus Scham und Beschämung schon viele Konflikte entstanden. Deshalb muss man beim Friedenstiften sehr behutsam vorgehen. Einfach nur sagen, so, jetzt reicht euch mal die Hand – das genügt meist nicht!" Papa schaut in die Runde der Kinder.

„Und was sollen wir jetzt machen, wenn die morgen wieder da sind und den Platz besetzen?", fragt Leon. „Ihr bietet ihnen an, dass ihr euch tageweise abwechselt. Und wenn sie darauf nicht eingehen, geht ihr zum Betreiber des Sportplatzes. Das ist, glaube ich, die Schule. Und dann muss die das klären und eine Art Friedensvertrag schmieden."

Nikiasfrieden

Friedensverträge sollen einen Krieg beenden. Sie sollen aber auch dafür sorgen, dass der Frieden hält. Wie das schiefgehen kann, sieht man schon in einem Vertrag, der vor über 2400 Jahren geschlossen wurde. 421 v. Chr. beendeten die beiden griechischen Mächte Sparta und Athen mit dem sogenannten Nikiasfrieden den Peloponnesischen Krieg – vorläufig. Denn der Vertrag hatte nicht alle Verbündeten der beiden Gegner angemessen berücksichtigt und wurde auch von beiden Seiten nicht in allen Punkten umgesetzt. So hielt der Frieden zwischen Sparta und Athen nur einige Jahre, bevor sich der Krieg blutig fortsetzte. Auch der namensgebende athenische Heerführer Nikias wurde im Kampf getötet.

Westfälischer Friede

Mit dem Westfälischen Frieden endete 1648 der Dreißigjährige Krieg. Begonnen hatte er als Konflikt zwischen dem katholischen Kaiser und den protestantischen Fürsten in Deutschland. Im Lauf der Zeit beteiligten sich aber unterschiedliche europäische Mächte wie Spanien, Frankreich, England, Dänemark, die Niederlande und Schweden auf der einen oder anderen Seite daran.
Wegen der vielen Beteiligten waren die Friedensverhandlungen und die Friedensschlüsse sehr schwierig und dauerten Jahre. Genau diese Kompliziertheit führte aber auch zur Entstehung erster Regeln der Diplomatie und des Völkerrechts. Der Westfälische Frieden war insofern ein echter Meilenstein.

Friedensvertrag von Versailles

Der Friedensvertrag von Versailles wurde am 28. November 1919 geschlossen. Er sollte zwischen Deutschland einerseits und Frankreich, Großbritannien, den USA und weiteren Verbündeten nach dem Ersten Weltkrieg Frieden schaffen. Deutschland musste einräumen, allein am Krieg schuld gewesen zu sein und viel Geld (Reparationen) zur Wiedergutmachung zahlen. Außerdem musste es Gebiete abtreten und stark abrüsten. Der für Deutschland harte Vertrag führte in den kommenden Jahren zu großer Unzufriedenheit im Land. Er wurde von vielen als „Diktatfrieden“ empfunden. Der Aufstieg der Nationalsozialisten unter Hitler hatte auch damit zu tun, dass diese versprachen, die Bestimmungen des Friedensvertrags rückgängig zu machen.

Waffenstillstandsabkommen

Schon vor dem Friedensvertrag schweigen meist die Waffen. Dazu einigen sich die kämpfenden Parteien auf einen Waffenstillstand. Manchmal bleibt es auch dabei. Im Koreakrieg gab es 1953 einen Waffenstillstand, aber bis heute keinen Friedensvertrag. Manchmal kapituliert eine Seite, das heißt, sie gibt auf. Die andere Seite hat gewonnen und kann bestimmen. So war es mit Deutschland am Ende des Zweiten Weltkriegs.

Zwei-plus-Vier-Vertrag

Was wie eine Matheaufgabe klingt, hat tatsächlich zwei getrennte Teile zusammengefügt. Der Zwei-plus-Vier-Vertrag, der am 12. September 1990 unterzeichnet wurde, wurde zwischen der Bundesrepublik Deutschland und der Deutschen Demokratischen Republik auf der einen Seite sowie Frankreich, Großbritannien, der Sowjetunion und den USA auf der anderen Seite geschlossen.
Der Vertrag war notwendig geworden, weil sich nach dem Fall der Berliner Mauer am 9. November 1989 die Vereinigung von BRD und DDR anbahnte. Die vier Siegermächte des Zweiten Weltkriegs besaßen aber noch gewisse Mitspracherechte in Deutschland, die vorher geklärt bzw. beendet werden mussten. Erst damit war der Weg zur deutschen Einheit frei.

Israelisch-ägyptischer Friedensvertrag

Seit der Gründung des Staates Israel 1948 wurde er von den ihn umgebenden arabischen Staaten nicht anerkannt und mehrmals angegriffen. Viele Jahre blieben die Beziehungen zwischen Israel und seinen Nachbarn sehr feindselig. Erst 1979 gelang dem damaligen US-Präsidenten Jimmy Carter eine Annäherung. Unter seiner Vermittlung schlossen Ägypter und Israelis einen Vertrag. Israel gab Teile der besetzten Halbinsel Sinai an Ägypten zurück, das dafür Israel anerkannte. Jimmy Carter, der israelische Ministerpräsident Menachem Begin und der ägyptischen Präsident Anwar as-Sadat wurden mit dem Friedensnobelpreis ausgezeichnet. Doch in der arabischen Welt gab es Kritik. Anwar as-Sadat wurde 1981 von Gegnern seiner Friedenspolitik ermordet.

DIE FRIEDENSBEWEGUNG

Anna kommt von der Uni, obwohl Sonntag ist. „Es waren Tausende bei der Demo, ich glaube, wir haben was erreicht", sagt sie zufrieden.
Opa nickt. „Wie 1968 bei uns, als wir gegen den Vietnamkrieg protestiert haben. Wir konnten zwar den Krieg nicht beenden, aber wir haben eine Friedensbewegung in Gang gesetzt!"
Oma lächelt. „Na, deine Friedensbewegung sah so aus, dass du dir die Haare hast wachsen lassen und Gitarre gespielt hast!"
Opa lacht. „Ja, das war eben eine Art Protest gegen diese militärischen Kurzhaarfrisuren! Wir wollten einfach friedlich und anders aussehen und coole Musik machen und hören!"
Leon kann es gar nicht glauben: Opa mit seiner Glatze war einmal ein Hippie? Papa grinst, er kennt die alten Fotos.

ZIVILER UNGEHORSAM

Anna lacht: „Opa, du warst also ein Anhänger des zivilen Ungehorsams?"
Opa schmunzelt: „Na ja, ein bisschen vielleicht!"
Leon und Jana gucken verständnislos. „Ziviler Ungehorsam?"
Mama antwortet: „Das bezeichnet den Widerstand gegen den Staat aus Gewissensgründen. Bürger*innen verstoßen dabei bewusst gegen Normen oder gar Gesetze, um auf einen Missstand aufmerksam zu machen. Wie das Festkleben auf Straßen, um gegen die Klimapolitik zu protestieren. Einer der berühmtesten Vertreter des zivilen Ungehorsams ist der US-amerikanische Schriftsteller Henry David Thoreau (1817–1862), der aus Protest gegen Sklavenhaltung und den Krieg gegen Mexiko keine Steuern mehr zahlte." Opa grummelt: „Keine schlechte Idee!"

Pazifismus und Antimilitarismus

Die Journalistin Bertha von Suttner (1843–1914) veröffentlichte 1889 den Roman *Die Waffen nieder*. Mit dieser pazifistischen Schrift wurde sie eine berühmte Vertreterin der Friedensbewegung. In ihrem Buch bezeichnet sie den Frieden als Normalzustand und den Krieg als Irrglauben. 1905 erhielt sie für ihre Friedensbemühungen als erste Frau den Friedensnobelpreis.

„Mahatma" Mohandas Karamchand Gandhi (1869–1948) war ein indischer Jurist, Morallehrer und Pazifist. Er setzte als Erster den Hungerstreik als politische Waffe ein, um ein unabhängiges Indien zu schaffen und entwickelte eine gewaltfreie Grundhaltung mit dem Ziel, sein Gegenüber immer gewaltfrei anzusprechen. Beide Persönlichkeiten stehen heute symbolisch für Antimilitarismus und Pazifismus.

Gewaltfreie Aktionen

verzichten bewusst auf Gewalt gegen Personen. Häufige Formen sind der Boykott, Hungerstreiks, aber auch Flugblattaktionen, das Aufstellen von Plakaten und Anbringen von Transparenten, Sitzstreiks, Sit-ins und Demonstrationen.

Die Friedensbewegung

Was wir heute unter Friedensbewegung verstehen, ist eine ziemlich junge Erscheinung, auch wenn es im antiken Griechenland im 4. Jh. v. Chr. Bestrebungen gab, dauerhafte Friedenszeiten einzuführen. Man nannte das „Koine Eirene" = Allgemeiner Friede. Allerdings war das Krieg-Führen damals ein Dauerzustand und der Frieden die Ausnahme.

- **Im 10. Jhd.** bildete der sogenannte Gottesfrieden, ein Zusammenschluss aus kirchlichen und weltlichen Mächten, den Vorläufer der modernen Friedensbewegung.
- **In der ersten Hälfte des 19. Jahrhunderts**, nach der sehr blutig verlaufenen Französischen Revolution (1789), lehnten vor allem bürgerliche Kreise jede Form von Gewalt ab. Diese Abkehr von allem Militärischen nannte sich Pazifismus.
- **Ab 1890** spalteten sich davon die Anhänger des Antimilitarismus ab. Es waren vorwiegend Vertreter*innen der Arbeiterschaft, die den Frieden durch den Kapitalismus bedroht sahen. Eine Schlüsselfigur des Antimilitarismus war Bertha von Suttner.
- **In den 1920er-Jahren**, nach dem Ersten Weltkrieg (1914–1918), lehnten sich viele Kunstschaffende gegen den Krieg auf. Viele Schriftsteller wie Erich Kästner warnten vor neuen Kriegen. Maler schufen Werke zur Abschreckung vor Krieg.
- **Unter der nationalsozialistischen Herrschaft (1933–1945)** wurden sämtliche Organisationen der Friedensbewegung verboten.
- **Nach dem Zweiten Weltkrieg (1939–1945)**, dessen weltweite Auswirkungen mit dem Abwurf der Atombombe auf das japanische Hiroshima endeten, entstanden Verbände, die Atomwaffen ablehnten. Ab den 1960er-Jahren hielten Kriegsgegner sogenannte Ostermärsche ab - eine friedliche Protestform.
- Der **Vietnamkrieg**, den die USA gegen Vietnam von **1955–1975** führten, löste weltweit eine weitere Friedensbewegung aus. Die junge Generation lehnte Kriege ab und verweigerte den Kriegsdienst: die 68er-Bewegung entstand.
- **1977** löste der Bau einer Neutronenbombe in den USA weltweit Friedensproteste aus.
- **1979** folgte eine Welle der Friedensdemonstrationen auf den NATO-Doppelbeschluss, durch den es noch mehr Atomraketen in Europa geben sollte. Aus der Anti-Atomkraft- und der Friedensbewegung entstand die Partei Die Grünen.
- **Zwischen 1981 und 1983** protestierten in deutschen Großstädten mehrere Millionen Menschen friedlich gegen Atomkraft. Sie bildeten Menschenketten und hielten Sitzblockaden ab.
- **1989** gelang mit den Montagsdemonstrationen die friedliche Revolution in der DDR. Sie führte zum Fall der deutsch-deutschen Grenze und zur Wiedervereinigung Deutschlands.
- **1989** protestierten in Peking Tausende von friedlichen Demonstranten auf dem Tian'anmen-Platz für mehr Demokratie. Das Ganze endete in einem Massaker mit Tausenden Toten.
- **2004** setzten sich in der Ukraine Tausende von Zivilist*innen für faire Wahlen ein. Man nennt es die Orange Revolution.

SOZIALER FRIEDEN

Leon pfeffert seine Schultasche in die Ecke. „Alles ok, Brüderchen?", fragt Jana. „Nichts ist ok, Frau Andersen hat mir eine Vier gegeben, voll ungerecht, dabei war ich nicht schlechter als Mathilda! Morgen protestiere ich dagegen!" Leon hat wirklich schlechte Laune. Jana meint: „Du kannst dich tatsächlich an deine Lehrerin wenden, wenn du dich ungerecht behandelt fühlst. Sie soll dir erklären, wie die Note zustande gekommen ist."
Papa sagt: „Wenn vor etwa 50 Jahren ein Schüler seine Lehrerin so etwas gefragt hätte, wäre die Folge wahrscheinlich eine Strafe oder gar Schläge gewesen. Kinder hatten keine Rechte, was Lehrende sagten, galt. Genauso gab es kaum Rechte in der Arbeitswelt. Der Chef nahm keine Rücksicht auf Arbeitszeiten oder die Gesundheit seiner Mitarbeiter."

SCHMERZ, HUNGER, ARMUT

Jana erzählt vom Geschichtsunterricht. Heute haben sie über die Zeit gesprochen, in der die Fabriken gebaut wurden und viele Menschen in die Großstädte gezogen sind, weil es dort Arbeit gab. „Die haben dann zu fünft in einem feuchten Zimmer gewohnt, kein Klo, kein Bad und teilweise haben die in Schichten in den Betten geschlafen. Um die Kinder konnte sich niemand kümmern, die sind irgendwohin aufs Land geschickt worden oder mussten auch arbeiten. Viele sind wegen der schlechten Luft und der mangelnden hygienischen Verhältnisse krank geworden. Gut, dass das bei uns heute anders ist!"

Papa sagt: „Das hat gewaltiges Umdenken erfordert. Von allein ist da nichts besser geworden. Die Menschen sind auf die Straße gegangen und haben sich organisiert. Sie haben für bessere Lebens- und Arbeitsbedingungen gekämpft. In den Fabriken entstanden Gewerkschaften. Und Mediziner*innen haben eine bessere Gesundheitsversorgung gefordert. Der Unfrieden in der Bevölkerung hat die Gesellschaft geschwächt und das Regieren schwer gemacht."
Anna ergänzt: „Und Kinder hatten keine Rechte und Frauen auch nicht. Die soziale Ungerechtigkeit war groß."

Gleichberechtigung und Frieden

Als die Frauen im 19. Jahrhundert in den Fabriken arbeiteten und nebenher noch Kinder und Familie versorgen mussten, gab es große Unruhen. Die Frauen arbeiteten mehr, verdienten aber weniger. Und sie hatten weniger Rechte. Sie durften nicht wählen und mussten ihre Männer fragen, ob sie arbeiten durften. In der Bundesrepublik galt das noch bis 1976!

Ab Mitte des 19. Jahrhunderts kämpften viele Frauen für die Gleichberechtigung und für ihr Recht auf Wahlen. In den USA und Großbritannien nannte man diese Frauen „Suffragetten". Es sollte dann noch viele Jahre dauern, bis in allen Ländern Europas das Frauenwahlrecht eingeführt wurde, dass Frauen Zugang zu Universitäten hatten oder ein eigenes Konto eröffnen durften. Bis heute verdienen Frauen oft weniger als Männer für die gleiche Arbeit.

Wie lässt sich sozialer Friede herstellen?

In Gesellschaften geht es nicht allen Menschen gleich gut. Wenn viele Menschen wenig besitzen und wenige viel, wenn es vielen schlecht geht und nur wenigen gut, dann kommt es zu Spannungen. Ein gut funktionierender Staat sorgt also dafür, dass der soziale Frieden gewährleistet ist. Kranken- und Rentenkasse, Unterstützungsgelder, Zugang zu Bildung für alle, Arbeitsmöglichkeiten und ein angemessener Verdienst – das alles ist dafür entscheidend. Länder, in denen es brodelt, in denen soziale Ungerechtigkeit herrscht, sind eher bereit, Krieg mit anderen anzufangen.

Ein Meilenstein

1789 fand in Frankreich etwas statt, das die Welt verändern sollte: die Französische Revolution! Das Volk begehrte auf gegen die Mächtigen, denen alles gehörte, während das Volk hungerte. Dieser gesellschaftliche Umbruch hatte die Ziele: Freiheit, Gleichheit, Brüderlichkeit. Das Ganze wurde durch eine philosophische Strömung in Gang gesetzt: die Aufklärung. Hier standen die Vernunft und naturwissenschaftliche Erkenntnisse im Mittelpunkt. Aufklärung bedeutete mehr persönliche Freiheit, Emanzipation und Gleichberechtigung sowie Menschenrechte. Allerdings galt diese Gleichberechtigung nicht sofort und schon gar nicht für Frauen.

Olympe de Gouge

Die Autorin (1748–1793) war die Tochter einer Wäscherin. Sie brachte sich selbst Lesen und Schreiben bei und gilt als Vorkämpferin der Frauenbewegung. Ihr mutiger Einsatz im Zuge der Französischen Revolution missfiel den Revolutionsführern. Sie wurde 1793 geköpft. Fortschritt galt damals nur für Männer.

Denker für den sozialen Frieden

Karl Marx (1818–1883) war ein deutscher Philosoph und Publizist. Er entwickelte zusammen mit Friedrich Engels eine politische Theorie, die eine Klassengesellschaft abschaffen wollte zugunsten einer klassenlosen Gesellschaft. Alle sollten gleichgestellt sein. Sein Hauptwerk ist *Das Kapital*, das viele Philosoph*innen und Gesellschaften beeinflusst hat.

Friedrich Engels (1820–1895) wurde in eine Fabrikantenfamilie geboren. In seiner Ausbildung erkannte er, dass sich die Lebensbedingungen der Arbeiter*innen ändern mussten, und nahm Kontakt zu Arbeiterorganisationen auf. Er lernte Karl Marx kennen, später vollendete er dessen Werk. Die soziale Frage beschäftigte ihn, der auch erfolgreicher Textilfabrikant war, zeitlebens.

1844 revoltierten im schlesischen Eulengebirge die Baumwollweber. Sie protestierten gegen zu wenig Lohn, zu lange Arbeitszeiten und hohe Abgaben. Ihre Lebenssituation verschlechterte sich durch Konkurrenz aus England und wegen ausbeuterischer Auftraggeber. Solche schlimmen Verhältnisse gab es auch in anderen Bereichen, und so kam es 1848 zu einer Revolution. Unter dem Einfluss von berühmten Vordenkern wie Marx und Engels entstand die Arbeiterbewegung, die mehr soziale Gerechtigkeit forderte.

de Gouge

Engels

Marx

RELIGIONEN & FRIEDEN

Jana räumt ihren halben Schrank aus und füllt ihre Kleider in Müllsäcke. „Was machst du denn da?“, fragt Leon. Sonst behauptet Jana, sie habe nichts zum Anziehen, aber sie sagt: „Wir hatten heute Besuch von einem Franziskanermönch, und der war echt überzeugend. Man braucht nicht viel, um glücklich zu sein, sagte er, und hat uns vom heiligen Franziskus erzählt. Der dachte schon im 13. Jahrhundert modern. Tierschutz, Naturschutz, nichts verschwenden, und sein Gedanke war schon damals: Wenn alle Menschen gleich viel oder gleich wenig haben, würde es sehr viel friedlicher auf der Welt zugehen. Deshalb gebe ich jetzt meine Kleider her, an Leute, die sie brauchen.“
Papa grinst. „Ja, der alte Franz von Assisi! Erst war er Soldat, und dann wurde er zum Friedensprediger. Eine coole Wandlung!“

FRIEDE SEI MIT EUCH

Oleg betrachtet seinen Hund, der friedlich unter dem Tisch liegt. „Ich denke, dass Hunde zum Frieden beitragen können. Manche werden sogar in der Schule als Therapiehunde eingesetzt, um wilde Klassen zu beruhigen!“
Und Leon sagt: „So ein Friedenshund wäre heute bei uns gut gewesen, die Klasse ist völlig ausgerastet. In Ethik haben wir deshalb über die Bedeutung von Frieden in den großen Weltreligionen gesprochen, Buddhismus, Hinduismus, Judentum, Christentum, Islam, da wird überall Frieden gepredigt. Wieso gibt es dann so viel Krieg?“
Papa überlegt. „Es ist einfach für eine Religion, Regeln aufzustellen. Leider ist es viel schwieriger, diese Regeln auch zu leben. Deshalb gehen viele Menschen in den Gottesdienst, um die Dinge, die in den Schriften der Religionen stehen, zu verstehen und alles zu durchdenken. Viele nutzen auch Gebete, um den Frieden in ihrem Inneren herzustellen. Das wisst ihr doch selber: Man kann noch so sehr für Frieden sein, manchmal ist man so durch den Wind, dass gar nichts hilft.“
Jana ruft dazwischen: „Dann muss man einfach immer wieder *Friede sei mit euch* rufen!“
„Das tun ja viele Völker auf der Welt, indem sie sich mit *Schalom* oder *Salam aleikum* begrüßen. Beides heißt Friede sei mit euch, einmal auf Hebräisch und einmal auf Arabisch!“, sagt Papa. Er steht direkt vor der kleinen Stehlampe und es sieht aus, als ob er einen Heiligenschein hätte.

Friedensgebet

Ein Friedensgebet ist eine Bitte an Gott um Frieden, um die Einsicht der Kriegführenden, um Trost und Hilfe für die vom Krieg Betroffenen oder um Kraft, sich für den Frieden einzusetzen. Friedensgebete kennen alle Weltreligionen. Versammlungen zu Friedensgebeten in der Leipziger Nikolaikirche waren ein Ausgangspunkt für die friedliche Revolution 1989.

Frieden und Religionen

Unterschiedliche Religionen führten oft in der Geschichte zu Streit, Konflikt oder Krieg. Oft war oder ist die Religion dabei nur ein Vorwand. Eigentlich haben aber alle großen Religionen den Frieden als Ziel: Frieden mit Gott, Frieden mit sich selbst, Frieden mit den anderen. So kann Religion auch eine wichtige Kraft für den Frieden sein. Alle großen Gelehrten und Anführer der verschiedenen Religionen wissen: Der Aufruf zum Frieden ist einfach. Bei der Umsetzung und Einhaltung müssen wir uns anstrengen.

Christentum

Jesus sagte in seiner berühmten Bergpredigt: „Liebt eure Feinde und bittet für die, die euch verfolgen." Er verkündete auch die Friedfertigkeit im Angesicht von Gewalt. Die meisten kennen den Ausspruch, dass man jemandem, der einen schlägt, auch die andere Wange hinhalten soll. Wichtig ist auch, dass Frieden auf Erden nur möglich ist, wenn Gerechtigkeit herrscht. Um eine Gerechtigkeit für die Armen, Unterdrückten und Entrechteten sollen sich die Christen bemühen. Doch die Bibel ist nicht eindeutig. In ihrem älteren Teil, dem Alten Testament, steht: „Liebe deinen Nächsten und hasse deinen Feind."

Judentum

Im Hebräischen ist schon der Willkommensgruß ein Friedenswunsch. *Schalom* heißt „Frieden". In der Tora, der jüdischen Bibel, heißt es auch, dass man nicht töten und die Menschen lieben soll. Und es wird eine Zeit erhofft, in der es keinen Krieg mehr geben wird. Da die Juden in ihrer Geschichte immer wieder besonders von Ausgrenzung, Gewalt und sogar Vernichtung bedroht waren, wird in der Halacha, den Rechtstexten des Judentums, auch über die Voraussetzungen gesprochen, unter denen ein Krieg zur Verteidigung geführt werden kann.

Islam

Der Islam hat schon vom Wort her mit Frieden zu tun. Islam kann als „unterwerfen", „hingeben" oder mit „Frieden machen" übersetzt werden. Das kann man so verstehen: Wer sich Gott hingibt oder unterwirft, lebt in Frieden mit sich und den Menschen. Es gibt im Islam, aber auch in anderen Religionen, den Begriff des „Heiligen Kriegs" (Dschihad). Auch wenn damit oft ein Krieg gegen Nichtmuslime gerechtfertigt wurde und wird, kann Dschihad auch anders verstanden werden. Nämlich als die größtmögliche Anstrengung im Kampf gegen die eigenen Fehler oder für das, was richtig ist.

Buddhismus

Den Buddhismus verbinden wir meist mit dem Erreichen des inneren Friedens und Gelassenheit durch Meditation. Zu seinen zentralen Regeln gehört auch, kein Lebewesen zu töten oder zu verletzen, die Umwelt nicht zu zerstören, nicht zu lügen und friedfertig zu sein. Aber auch im Buddhismus gilt, wie in allen Religionen, dass von seinen Anhängern immer wieder Gewalt gerechtfertigt wurde. Der Dalai Lama, der wichtigste Vertreter des tibetischen Buddhismus und Friedensnobelpreisträger, sagte einmal: „Der Frieden kommt nicht von Allah oder Buddha, sondern muss von den Menschen geschaffen werden."

Hinduismus

Der Hinduismus ist viel schwerer zu definieren als die anderen Religionen. Viele Menschen bezeichnen sich als Hindus und verehren ganz unterschiedliche Götter auf sehr verschiedene Weise. Als wichtigste historische Person im Hinduismus sehen wir oft Mahatma Gandhi, der seinen gewaltlosen Protest auf die hinduistische Idee des Nichtverletzens *(Ahimsa)* zurückführte. Die *Bhagavadgita*, eine der wichtigsten hinduistischen Schriften, nimmt jedoch ihren Ausgang auf einem Schlachtfeld und beschäftigt sich mit der Frage nach der gerechten Ausübung von Gewalt.

MEILENSTEINE DES FRIEDENS

Jana kommt mit einem Schild aus der Schule, auf dem steht: Stell dir vor, es ist Krieg und keiner geht hin. „Ziemlich cool, oder?“, fragt sie ihre Familie.
„Einige kluge Menschen haben sich immer wieder Gedanken zu Krieg und Frieden gemacht. Viele wirklich kluge Sätze und Gedanken von ihnen sind uns erhalten geblieben“, sagt Oma. „Das sollte man sich ruhig öfter ansehen“, meint Anna, „auch wenn der Begriff Frieden nicht zu allen Zeiten gleich verstanden wurde!“
„Hä? Jetzt verstehe ich gar nichts mehr“, sagt Leon. „Frieden ist doch, wenn niemand kämpft und alle sich mögen?“
„Auch der Frieden hat eine Entwicklung hinter sich!“, sagt Anna.
Leon schüttelt den Kopf. „Mensch, ist Frieden kompliziert!“

„Stell dir vor, es ist Krieg und keiner geht hin“ stammt von dem US-amerikanischen Dichter Carl Sandburg (1878–1967). Berühmt wurde der Satz aber erst 1981, als der Hamburger Grafikdesigner Johannes Hartmann ein Friedensplakat entwerfen sollte. Er hat einfach ein Graffiti mit dem Spruch gesprüht und das als Vorlage für Plakate und Postkarten benutzt.

Thomas Hobbes (1588–1679)

Für den Philosophen war die Einhaltung des Friedens ein Naturgesetz und die Grundvoraussetzung, damit es einen Staat gibt. Allerdings sah sein Denken vor, dass ein starkes Land auch mit militärischer Abschreckung Frieden sichern kann.

Hobbes

Thomas von Aquin (1224/25–1274)

Der Philosoph hielt Frieden für das höchste politische Ziel. Und er unterschied zwischen wahrem Frieden und schlechtem Frieden. Schlechter Frieden ist eine gewaltsam herbeigeführte Ordnung. Nur der wahre Frieden, sozusagen der von allen gewollte, ist der richtige Frieden.

von Aquin

Immanuel Kant (1724–1804)

war ebenfalls Philosoph und verfasste 1795 die Schrift *Zum ewigen Frieden*. Darin lehnte er Krieg kategorisch ab und forderte eine umfassende Rechts- und Friedensordnung zwischen Staaten. Damit schaffte er den Grundgedanken zur heutigen Friedenssicherung: Staaten tun sich zusammen und schließen gemeinsame Verträge, die Frieden sichern sollen.

Kant

Aung San Suu Kyi (geb. 1945),

birmanische Freiheitsaktivistin und Politikerin, setzt sich seit den 1980er-Jahren für eine gewaltlose Demokratisierung ihres Landes ein. Sie bekämpft sozialen Unfrieden und Ungerechtigkeit. Für ihr politisches Engagement stand sie 15 Jahre unter Hausarrest. Auch seit 2021 steht sie wieder unter Hausarrest und ist zu vielen Jahren Gefängnis verurteilt worden. Dennoch hört sie nicht auf, sich für den Frieden in ihrem Land einzusetzen.

Suu Kyi

Frieden als Prozess

Heute wird Frieden als ein Prozess und nicht als starrer Begriff verstanden. Konflikte sollen gewaltfrei ausgetragen und, wenn möglich, auch so gelöst werden. Die Grundpfeiler des gewaltfreien Friedensprozesses sind:

- **Rechtsstaatlichkeit,**
- **Demokratie,**
- **soziale Gerechtigkeit,**
- **Toleranz und**
- **Dialogfähigkeit**

Nelson Mandela (1918–2013)

war der erste schwarze Präsident Südafrikas. Er engagierte sich ein Leben lang gegen die Apartheid, also die „Rassentrennung". Insgesamt 27 Jahre musste er für seinen Protest im Gefängnis sitzen. Doch er hörte nie auf, sich für soziale Gerechtigkeit und gegen Unterdrückung einzusetzen und wurde von 1994–1999 Präsident. In seiner Amtszeit verbesserte er die Gesundheitsvorsorge und die Bedingungen für die schwarze Bevölkerung. Musik war für Mandela ein wichtiges Mittel zur Friedensbildung. Er wurde von vielen Musiker*innen unterstützt und tanzte manchmal auf der Bühne zu traditioneller afrikanischer Musik. Für ihn wurden zahlreiche Hymnen geschrieben. Von ihm stammt der Satz: „Die Befreiung von Unterdrückung ist ein Menschenrecht!"

Mandela

Bertrand Russell (1872–1970)

Der Philosoph, Mathematiker und Logiker engagierte sich ein Leben lang für den Frieden. Er erhielt 1950 den Nobelpreis für Literatur. Einmal kam er sogar ins Gefängnis, weil er ein Flugblatt gegen den Krieg verfasst hatte. Als Hitler an die Macht kam, sah Russell auch, dass diese Bedrohung nur mit militärischer Hilfe zu lösen war. Und als die Welt 1962 kurz vor einem Atomkrieg stand, verfasste Russell je einen Brief an den US-amerikanischen und den sowjetischen Präsidenten. Vielleicht hat seine Warnung den Krieg verhindert. Russell vertrat den Utilitarismus, eine philosophischen Richtung, nach der die beste Lösung eines Konflikts jene ist, die den größtmöglichen Schaden verhindert. Das kann auch bedeuten, dass der Einsatz von Waffen die größte Chance auf Frieden bedeutet.

Russell

DER FRIEDENSNOBELPREIS

Jana fragt aufgeregt: „Meint ihr, ich kriege auf dem Sommerfest eine Auszeichnung für besondere Leistungen?" Jana hat sich mit einer Gruppe von Freundinnen dafür eingesetzt, dass auf der Lieblingsecke aller Schüler*innen kein neuer Parkplatz gebaut wird.
Papa sieht von der Zeitung auf und zwinkert Jana zu. „Eure Chancen stehen sicher nicht schlecht, Jana. Und wo wir gerade dabei sind: Ich lese euch mal vor, wer dieses Jahr die Nobelpreise bekommt!"
„Warum heißen die Preise eigentlich so?", will Leon wissen.
„Weil ein Mann, der sein ganzes Vermögen mit Rüstungsgeldern verdient hat, ein schlechtes Gewissen bekommen hat", sagt Anna spöttisch.
„Ja und nein", sagt Mama, „Alfred Nobel hat etwas ebenso Nützliches wie Schädliches erfunden. Mit seinem Preis aber hat er wirklich in die Zukunft gewirkt!"

Alfred Nobel (1833–1896)

war ein schwedischer Erfinder und Chemiker. Er stammte aus einer wohlhabenden Industriellenfamilie, sein Vater lieferte Stahl ans Militär. Nach seiner umfangreichen Ausbildung lernte Nobel 1850 den Erfinder des Nitroglyzerins kennen. Der arbeitete nicht mehr an dem Werkstoff, weil er ihm zu unberechenbar war. Nobel forschte weiter und als er die richtige Formel gefunden hatte, um Sprengungen mit Nitroglyzerin berechenbar zu machen, ließ er sie patentieren. Er verkaufte Dynamit überall auf der Welt, zum Beispiel für den Bergbau. Aber auch die Rüstungsindustrie interessierte sich dafür. Nobel lernte die Friedensaktivistin Bertha von Suttner kennen, die seine Sekretärin wurde. Er bewunderte ihren Einsatz für den Frieden. Nobel dachte allerdings, dass die Menschen schon Frieden halten würden, wenn sie wüssten, wie groß die Waffenarsenale der einzelnen Länder seien. Dennoch vermachte Nobel sein ganzes Vermögen einer Stiftung, die alljährlich Preise auch für den Einsatz für Frieden vergeben sollte.

GUT IST NICHT GLEICH GUT

Jana sagt: „Das passt zu dem komplizierten Satz, den wir heute in Ethik diskutiert haben: „Das Bessere ist der Feind des Guten, von einem Philosophen namens Voltaire."
„Klingt ziemlich kompliziert, der Typ und der Satz!", sagt Leon.
„Ja, aber der Satz ist der Hammer!", sagt Anna. „Denn was sagt er aus?"
„Gut gedacht ist noch nicht gut gemacht?", fragt Papa.
„Dass man erst an die Folgen denken muss?", fragt Oma.
„Dass es immer noch besser geht?", schlägt Opa vor.
Auch Oleg hat eine Idee. „Manchmal denkt man, man hat was Gutes gemacht und dabei ist es ganz schlimm!"
Mama Strudel erklärt: „Es gibt Dinge, die sind im besten Sinne erfunden worden, zum Beispiel das Dynamit von eben diesem Chemiker Alfred Nobel – er wollte damit den Fortschritt der Technik unterstützen. Als dann seine Erfindung in Kriegen verwendet wurde, erschrak Nobel und vermachte sein Vermögen, unglaubliche 31 Millionen schwedische Kronen, einer Stiftung. Die Verzinsung seines Erbes sollte einmal pro Jahr Preise finanzieren für jene, die im vergangenen Jahr der Menschheit den größten Nutzen erbracht haben, und zwar auf fünf Gebieten: Physik, Chemie, Medizin, Literatur und Frieden."

Nobel

Wissenschaftler gegen Atomkraft

Der Chemiker Linus Pauling (1901–1994), der als einer von wenigen Menschen zweimal einen Nobelpreis gewann, einmal für Chemie, einmal den Friedensnobelpreis, setzte sich gegen den Einsatz von Atomwaffen ein und sammelte dafür 1957 unter Wissenschaftler*innen Unterschriften, unter anderem von Albert Einstein, Otto Hahn und Werner Heisenberg.

Der Nobelpreis

Seit 1901 wird der Nobelpreis jährlich in den Kategorien Physik, Chemie, Medizin, Literatur und Frieden an Nobels Todestag, dem 10. Dezember, verliehen. Der Friedensnobelpreis wird vom norwegischen Nobelkomitee an diejenigen verliehen, „die am meisten oder am besten auf die Verbrüderung der Völker und die Abschaffung oder Verminderung stehender Heere sowie das Abhalten oder die Förderung von Friedenskongressen hingewirkt haben".

Berühmte Preisträger*innen

Dunant

1901 Henry Dunant für die Gründung des Internationalen Komitees des Roten Kreuzes.

1905 Bertha von Suttner (1843–1914) für ihre Friedensarbeit.

1922 Polarforscher **Fridtjof Nansen** (1861–1930), der einen Pass für staatenlose Flüchtlinge entwickelt hatte.

1926 Gustav Stresemann (1878–1929) für seine Versöhnungsversuche mit Frankreich.

1935 Journalist **Carl von Ossietzky** (1889–1938), der vor der Aufrüstung der Nazis gewarnt hatte. Er starb 1938 in der Haft.

In den Jahren 1934–1944 wurde der Friedensnobelpreis nicht verliehen.

1952 Albert Schweitzer (1875–1965) für seine medizinische Versorgung in Afrika.

1964 Bürgerrechtler **Martin Luther King** (1929–1968)

1965 das Kinderhilfswerk **UNICEF** (Gründung 1946)

1971 Bundeskanzler **Willy Brandt** (1913–1992) für seine Friedenspolitik mit dem Ostblock und der Versöhnung mit den im Dritten Reich besetzten Staaten.

1975 Physiker **Andrei Dmitrijewitsch Sacharow** (1921–1989). Er hatte erst an Atomexperimenten mitgewirkt und sich später vehement gegen den Gebrauch von Atomwaffen ausgesprochen. Er kämpfte für ein demokratisches Russland und wurde viele Jahre in Verbannung geschickt.

1977 Menschenrechtsorganisation **Amnesty International** (gegründet 1961)

1990 Michail Gorbatschow für seine Glasnost-Politik. Er hatte die deutsche Wiedervereinigung ermöglicht.

1991 Staatsfrau **Aung San Suu Kyi** (*1945) für ihren Kampf für Demokratie in Myanmar.

2003 die Anwältin **Shirin Ebadi** für ihren mutigen Kampf für Menschenrechte in ihrer Heimat Iran.

2007 Politiker **Al Gore** für seinen Einsatz gegen den Klimawandel

2022 je eine **ukrainische, russische** und **belarussische Menschenrechtsorganisation**.

King

Gorbatschow

Ebadi

EIN ZEICHEN SETZEN

Die Strudels hören Nachrichten. Weltweit schneiden sich Frauen die Haare ab, aus Solidarität. Jana runzelt die Stirn. „Warum machen die das? Die schönen Haare!"
Anna antwortet: „In manchen Ländern müssen Frauen per Gesetz ihre Haare bedecken. Wenn sie es nicht tun, nimmt die Polizei sie fest. Erst vor kurzer Zeit ist im Iran eine junge Frau in der Haft gestorben. Und das hat eine Revolte losgetreten. Schon lange fühlen sich Frauen in bestimmten Ländern unterdrückt. In manchen wird ihnen sogar das Recht auf Bildung verweigert. Und weltweit zeigen deshalb Menschen ihr Mitgefühl und schneiden sich ebenfalls vor laufender Kamera die Haare ab."
„Und das hilft?", fragt Jana.
„Es zeigt den unterdrückten Menschen, dass sie nicht allein sind. Es gibt ihnen Kraft!"

Eine wichtige Rolle

Lange Zeit spielten Frauen bei Friedensverhandlungen keine Rolle. Dabei sind sie in Kriegen ebenfalls großer Gewalt ausgesetzt und tragen im und nach Kriegen ganz besonders zur Stabilisierung einer Gesellschaft bei. In letzter Zeit gibt es viele Initiativen, Frauen stärker in Friedensverhandlungen und in die Konfliktbewältigung mit einzubeziehen. Auf der anderen Seite wollen weltweit immer mehr Frauen bestehende Verhältnisse ändern. 2010 gingen im Arabischen Frühling (Reihe an Protesten in vielen arabischen Ländern) viele Frauen Nordafrikas auf die Straße, um gegen die autoritäre Herrschaft zu protestieren. Im Iran protestieren seit 2022 viele Frauen gegen Unterdrückung. In Afghanistan werden derzeit die Rechte von Frauen derart eingeschränkt, dass sie fast wie Gefangene im eigenen Land leben. Afghanische und iranische Frauen im Exil versuchen aus der Ferne zu kämpfen. Auch LGBTQI+- Personen sind in vielen Ländern Gewalt ausgesetzt. Viele Organisationen weltweit setzen sich gegen geschlechtsspezifische Gewalt ein.

UNGLEICHHEIT

„Frauen sollten die gleichen Rechte haben. Das ist sonst doch total ungerecht", sagt Jana.
„Ja, Gleichberechtigung ist ein hohes Gut, es trägt wesentlich zum sozialen Frieden bei. In meiner Jugend bin ich auch für die Rechte der Frauen auf die Straße gegangen", sagt Oma.
Jana schaut besorgt. „Ich will wie du für Frauenrechte demonstrieren, Oma. Aber meine Haare mag ich auch."
„Du musst dir nicht die Haare abschneiden, Mäuschen. Es gibt viele Möglichkeiten, sich solidarisch mit unterdrückten Frauen zu zeigen oder im eigenen Land für Gleichberechtigung zu kämpfen. Wichtig ist, dass wir ihnen zuhören. Wenn du möchtest, gehen wir beide mal zu einer Demonstration."
„Du bist cool, Oma", sagt Jana.
Opa nickt. „Das finde ich auch. Die Oma hat sogar Fußball gespielt, und das war damals noch ganz ungewöhnlich!"
Die Kinder gucken Oma ehrfürchtig an.
Papa sagt: „Auch Sport hat ziemlich viel mit dem Frieden zu tun. Das wussten schon die alten Griechen!"

Frieden und Sport

Sport bringt überall auf der Welt Menschen zusammen. Der Fußball, mit seinen vielen Fans, ist ein gutes Beispiel dafür. Auch wenn die Teams und Länder gegeneinander antreten, steht der Gedanke der Fairness im Vordergrund. Es gibt viele Theorien darüber, ob Wettkämpfe in Spieleform Aggressionen abbauen oder aufbauen. Wahrscheinlich beides: Wir alle haben schon einmal die Riesenfreude erlebt, die nach einem gewonnenen Fußballspiel, vielleicht bei einer Weltmeisterschaft, entsteht. Ganze Städte tanzen auf den Straßen. Allerdings gibt es leider auch das Gegenteil: dass Fans aneinandergeraten.
Unbestritten ist aber, dass Fußball-, oder generell maßvolles Sporttraining, die Solidarität, den Gemeinschaftssinn und den Teamgeist fördert.

Der Olympische Gedanke

Vermutlich fanden im alten Griechenland schon 2000 v. Chr. Olympische Spiele statt. Benannt wurden sie nach dem Austragungsort Olympia. Zunächst waren es religiöse Spiele zu Ehren der Götter. Während der fünftägigen Wettkämpfe herrschte im ganze Land Waffenruhe. Im Jahr 393 wurden diese Spiele vom römischen Kaiser verboten. 1896 fanden die ersten Spiele der Neuzeit in Athen statt. Baron Pierre de Coubertin hatte sie ins Leben gerufen, denn im 19. Jahrhundert interessierte man sich sehr für die Antike. Coubertin verfolgte aber noch ein anderes Ziel: Seiner Meinung nach hatten die französischen Soldaten zu wenig Kondition, sie sollten Sport treiben. Seitdem hat sich an dem Olympischen Gedanken viel geändert. Mittlerweile nehmen 205 Länder an den Spielen teil, der Friedensgedanke steht im Vordergrund.

Bekannte Gesten

Nach Fußballspielen, nach einem Tennismatch, ja sogar nach einem Boxkampf sieht man eine Geste, die weltweit verstanden wird. Die beiden Kontrahenten oder die jeweiligen Trainer reichen sich die Hand. Die Spieler beider Mannschaften tauschen ihre Shirts. Manchmal trösten sich die Spieler auch gegenseitig. Diese sportliche Fairness kann auch verfeindete Länder miteinander verbinden oder für kurze Zeit versöhnen.

Boykott von Sportevents

Durch einen Boykott haben Menschen oder Staaten die Möglichkeit zu zeigen, dass sie mit etwas nicht einverstanden sind. Sportveranstaltungen eignen sich dafür gut, da sie medial viel Aufmerksamkeit bekommen. Finden z.B. die Olympischen Spiele in einem Land statt, das Menschen unterdrückt, könnten Mannschaften oder einzelne Sportler*innen entscheiden nicht teilzunehmen. Politiker*innen könnten nicht anreisen, Firmen ihre Werbung einstellen oder Fernsehsender die Entscheidung treffen, das Event nicht auszustrahlen. Auch Fans haben die Möglichkeit den Fernseher auszulassen. Wie viel der Boykott eines Sportevents bringt, ist umstritten.

WELTFRIEDEN UND KLIMA

Jana ist traurig. Ihre Eltern machen sich Sorgen, so kennen sie ihre Tochter gar nicht. Nur Leon merkt von all dem nichts. Er versucht mit Oleg in einem Computerspiel Rüben zu züchten und Soja und Mais anzubauen. „Genau dieser doofe Mais und das blöde Soja sind es, die den Planeten kaputt machen!", brüllt Jana durchs Haus. Anna schließt sich Jana an. „Genau, in Südamerika werden die Wälder gerodet, die indigenen Völker vertrieben und den Tieren der Lebensraum genommen, nur damit wir hier in der westlichen Welt Tofu haben!"
Leon fühlt sich angegriffen „Ich mag eh keine Tofuschnitzel!" Anna und Jana sind nicht zu besänftigen. „Genau, du isst lieber Schwein, das erbärmlich gelebt hat, oder Kuh, die mit ihrem Pups die Erde weiter aufheizt!"

WER IST SCHULD?

Im Hause Strudel wird es ungemütlich. Mama versucht, wieder Ruhe in das Gespräch zu bringen, aber Jana ist kurz davor loszuheulen. „Ihr habt den Planeten kaputt gemacht. Und mit der Globalisierung befördert, dass ganze Kontinente arm sind und andere immer reicher werden! Ihr Erwachsenen tut immer so gescheit, aber in der Pandemie habt ihr alles zugesperrt, was wir Kinder brauchen. Ihr habt überhaupt keinen Plan! Und das mit dem Frieden habt ihr auch nicht hingekriegt."
Mama und Papa verstehen, warum Jana so bedrückt ist. Sie hat Angst vor Klima, Krankheit, Krieg (KKK-Angst). So hat es Anna mal genannt. Es stand in einer Studie über Zukunftsangst bei Jugendlichen.
„Jede Generation muss mit den Herausforderungen ihrer Zeit fertig werden. Wir haben gegen Atomkraft protestiert und das grüne Bewusstsein gestärkt. Haben die Wiedervereinigung Deutschlands gestemmt und uns um Stabilität in Europa bemüht!", sagt Papa.
„Und wir haben viele Spuren des Zweiten Weltkriegs beseitigt, haben die Wirtschaft wiederaufgebaut und versuchen, uns der Schuld des Nationalsozialismus zu stellen", sagt Oma.
„Ganz lange herrschte in Europa der Kalte Krieg. Die von der Sowjetunion beherrschten Länder gegen den Westen. Das war eine unversöhnliche Zeit. Und dann gab es noch die vielen Terroranschläge der RAF in den 1970er-Jahren und in den 1990er-Jahren die schrecklichen Attentate auf muslimische Mitbürger. Auch das waren Herausforderungen", meint Opa.
„Aber die Kinder haben schon recht, vielleicht ist bei der ganzen Aufbauarbeit der Blick in die Zukunft zu kurz gekommen?", fragt Mama.
„Ich werde auch mal Kartoffelbrei auf Gemälde werfen, damit ihr endlich kapiert, dass es schon fünf nach zwölf ist!", grummelt Jana.
Ihre Eltern gucken besorgt. Aber Leon gefällt das.

NGOs

sind Nichtregierungsorganisationen, die sich um Missstände kümmern. Greenpeace ist weltweit im Umweltschutz tätig. Wer vor der Haustür etwas tun möchte, kann sich zum Beispiel dem Naturschutzbund Deutschland NABU anschließen.

Weltfrieden hängt auch am Klima

Auf der Welt gehen die Rohstoffe zur Neige. Und der ungehinderte CO_2-Ausstoß hat das Klima verändert, es ist viel zu warm auf der Erde, die Polkappen schmelzen. In vielen Ländern gibt es Überschwemmungen, in anderen Dürren. Die Lebensbedingungen vieler Menschen haben sich drastisch verschlechtert. Und überall auf der Welt sterben Arten, weil die Lebensräume für Tiere verschmutzt sind oder verschwinden. Dazu kam ab 2020 noch die Covid-Pandemie, durch die Themen, die den Klimawandel betreffen, wieder in den Hintergrund gerieten. Es ist nur zu verständlich, dass die junge Generation alarmiert ist. Sie setzt sich lautstark für mehr Klimaschutz ein. Denn die Klimakatastrophe bedroht den Weltfrieden. Sie bringt Hungersnöte und Elend. Seuchen können sich ungehindert ausbreiten. Die Umweltverschmutzung zerstört den Planeten. Viele junge Menschen schließen sich den Klimaaktivist*innen an oder wollen für Umweltorganisationen arbeiten.

Klimakleber und Kartoffelbrei

Manchmal wählen die Aktivist*innen Methoden für ihren Protest, die gar nicht so friedlich sind. Zum Beispiel werfen sie Kartoffelbrei auf Gemälde oder kleben sich auf Straßen und an Gegenständen fest. Deshalb nennt man sie Klimakleber. Auf der einen Seite bekommen sie dafür viel Aufmerksamkeit. Andererseits wird fremdes Eigentum zerstört oder die anderen werden in ihrer Bewegungsfreiheit behindert. Es gibt viele Diskussionen darüber.

Wasser und Frieden

Der notwendigste Rohstoff auf der Welt ist Wasser. Millionen Menschen sterben jährlich, weil sie keinen Zugang zu sauberem Wasser haben.
In vielen Kriegen gehört es zur Strategie, den Zugang zu Wasser abzuschneiden, Brunnen zu vergiften oder Quellen zuzuschütten. Die Welthungerhilfe (WHO) versucht, den Zugang zu sauberem Wasser zu verbessern, und versorgt Menschen mit Lebensmitteln, aber sie kann längst nicht alle erreichen.

WAS FÜR DEN FRIEDEN TUN

Papas Laune ist unterirdisch, weil ihm jemand den Parkplatz weggenommen hat, Mama ärgert sich über die Entlassung einer Kollegin, Opa schäumt vor Wut, weil sein Nachbar immer die Blumenwiese mäht und so den Insekten die Nahrungsgrundlage nimmt, und Oma ist sauer, weil ihre Haare nach dem Friseurbesuch komisch aussehen. „Mega-Stimmung hier!", stellt Leon fest. Jana meckert, dass sein Kommentar jetzt auch nicht helfen würde. Nur Anna bleibt ganz locker: „Ich koche uns jetzt was Schönes, das hilft bei dicker Luft. Oder warum meint ihr, dass bei Staatsempfängen immer groß getafelt wird? Und Jesus hat auch gewusst, wie sinnvoll ein Abendmahl ist. Im Islam gilt das Fastenbrechen als Fest. Und am Sabbat brechen die Juden gemeinsam das Brot."

Kochen für den Frieden

Nicht nur Liebe geht durch den Magen. Für andere kochen beweist auch Wertschätzung und Freundschaft. Wer miteinander kocht und isst, streitet sich weniger und versöhnt sich leichter. Genuss verbindet alle Menschen. Also nehmt die Töpfe zur Hand, wenn ihr einen Streit beenden müsst oder ein bisschen Familienfrieden stiften wollt. Man kann mit selbst Gekochtem oder Gebackenem auch ziemlich einfach Spenden für einen guten Zweck sammeln. Oder man hilft bei einer Tafel oder einer Vesperkirche, wo Lebensmittel oder warme Mahlzeiten für bedürftige Menschen verteilt werden.

IM KLEINEN FRIEDEN WAHREN

Tatsächlich beruhigen sich alle nach der köstlichen Lasagne, die Stimmung hebt sich.
„Da seht ihr mal, wie schlimm es ist, wenn schon in einer kleinen Gruppe dicke Luft herrscht. Deshalb ist es auch so wichtig, dass ein Dorf, eine Gemeinde, eine Stadt für ein friedliches Miteinander sorgt, zum Beispiel mit Straßenfesten, Sportveranstaltungen oder Feierlichkeiten, an denen alle teilnehmen dürfen", sagt Papa.
„Wir haben nächste Woche Schulfest!", ruft Leon und Jana sagt: „Und wir veranstalten eine Riesentombola und wollen den Erlös spenden!"
„All das trägt zum Frieden im Kleinen bei", sagt Mama, die sich morgen in aller Ruhe dafür einsetzen will, dass die Kollegin doch nicht gehen muss.

Was kann ich tun?

Viele denken bei Frieden immer gleich an große Veränderungen. Und viele haben dann das Gefühl, dass sie allein nichts bewirken können. Aber Frieden fängt im Alltag an. Wie man mit Menschen, denen man begegnet, umgeht, ist keine Kleinigkeit. Jede freundliche Geste, jede kleine Hilfe, jedes Zuhören verändert die Welt. Der amerikanische Schriftsteller Jonathan Franzen spricht vom „franziskanischen Prinzip“. Er bezieht sich auf Franz von Assisi und dessen Umgang mit Tieren und sagt: „Wir müssen uns für das, was wir täglich sehen, interessieren und es schützen und lieben. Damit verändern wir die Welt.“
Aber auch den Frieden im Großen kann man unterstützen. Mit friedlichen Protesten gegen Aufrüstung und Krieg. Oder mit Spenden für mehr Umweltschutz, um dem Klimawandel entgegenzuwirken.
Friede entsteht nicht irgendwo, sondern immer jetzt, hier, bei uns. Sich entsprechend zu verhalten, erfordert manchmal auch Mut. Der Theologe Dietrich Bonhoeffer hat einmal geschrieben: „Es gibt keinen Weg zum Frieden auf dem Weg der Sicherheit. Denn der Friede muss gewagt werden.“

Mehr über Frieden erfahren

Wenn du dich noch weiter über das Thema Frieden informieren willst, gibt es einige gute Websites, zum Beispiel:
www.frieden-fragen.de
www.digitale-streitkultur.de
www.bpb.de/veranstaltungen/reihen/frieden-machen
Wenn dich etwas besonders interessiert, nimm es doch mit in die Schule zu deiner Lehrerin oder deinem Lehrer. Sprich mit deinen Eltern oder mit Freund*innen. Vielleicht habt ihr gemeinsam eine Idee oder macht eine Aktion für den Frieden.
Bücher für verschiedene Altersstufen zum Thema Frieden und Krieg sind hier zusammengestellt:
www.kinder-jugendbuch-verlage.de/de/specials/von-krieg-und-frieden-heimat-und-flucht

Friedenszeichen basteln

Manchmal ist es einfach gut, wenn man zeigt, dass man über den Frieden nachdenkt. Dieses „Zeichen setzen“ können zum Beispiel selbst gebastelte Friedenszeichen sein. Tauben aus Origamipapier falten, eine selbst gemalte Regenbogenfahne oder eine Reihe von Ölzweigen, die eine Girlande ergibt. Das können schon Kindergartenkinder.

FRIEDEN DURCH SIEGEN?

Ist das nicht toll, Oleg und seine Mama bekommen nach Weihnachten eine eigene Wohnung!", sagt Mama. Leon findet das gar nicht toll, denn er hat Oleg und seinen Hund echt liebgewonnen.

„Ihr könnt euch weiterhin sehen, er wird auf deiner Schule bleiben", antwortet Mama, „und eventuell wird Olegs Mama an eurer Schule Ukrainisch unterrichten!"

„Aber was ist denn mit dem Frieden? Wann können alle Geflüchteten denn wieder in ihre Heimat?", fragt Jana.

Papa sagt ungewöhnlich ernst: „Das kann sich hinziehen. Wenn eine Seite nicht zu diplomatischen Verhandlungen bereit ist, muss sich das angegriffene Land verteidigen. Mancher Frieden geht nur mit militärischem Einsatz und internationaler Hilfe, leider."

Kampf gegen Unrecht

Es ist einfach, in Friedenszeiten gegen jeden Waffengebrauch zu sein. Doch wenn ein Land ohne jeden Grund angegriffen wird, ist die Lage schwierig. Sich nicht zu verteidigen, würde bedeuten: Das Land gibt auf und unterwirft sich einem neuen Herrscher, der das besiegte Land unterdrücken will. Da ein Angreifer meistens nicht über den Konflikt „reden", sondern nur mit Gewalt siegen will, sind Friedensverhandlungen schwierig. Natürlich ist es ganz schrecklich, wenn Konflikte mit Waffen ausgetragen werden. Und in vielen Weltreligionen gibt es den Aspekt der „Feindesliebe", im Christentum auch bekannt unter „man soll auch die andere Wange hinhalten, wenn man geschlagen wird". Das bedeutet aber nicht, dass man jegliche Ungerechtigkeit tatenlos hinnehmen muss. Sondern es heißt, dem Feind mit dem Versöhnungsgedanken zu begegnen und immer wieder zu versuchen, Frieden herbeizuführen. Und vor allem, ohne Rachegedanken zu handeln.

WAFFEN UND FRIEDEN

Opa schaltet sich ein. „Nach dem Zweiten Weltkrieg, den Deutschland unter der Naziherrschaft angefangen hat und und in dem es ganz besiegt werden musste, haben die Siegermächte Pläne entwickelt, wie man verhindern kann, dass die Deutschen noch einmal einen so großen Krieg beginnen können. Sie haben zum Beispiel lange kontrolliert, wie sehr sich die beiden Deutschlands wieder militarisieren durften. Und in deiner Generation, mein Sohn, war es in Westdeutschland üblich, den Kriegsdienst zu verweigern und stattdessen Zivildienst zu leisten. Wir hofften einfach, dass es nie wieder Krieg geben würde, schon gar keinen, an dem Deutschland beteiligt ist. Denn durch den Zweiten Weltkrieg und die Gräuel des Nationalsozialismus fühlen wir uns alle kollektiv schuldig. Das spielt jetzt auch bei den Debatten eine Rolle, ob Deutschland Länder mit Waffen beliefern soll, die von einem anderen Land angegriffen wurden. Sehr viele Menschen glauben daran, dass man mit Verhandlungen Frieden schließen kann. Leider gibt es Machthaber, deren Interesse es ist, ihr Land zu vergrößern, koste es, was es wolle. Deshalb werden die Mittel überdacht, mit denen man solchen schlimmen Typen antwortet. Das können dann auch Waffen sein!" Opa sieht Papa traurig an. „Manchmal reicht es leider nicht, den Soldaten Blumen in die Gewehrläufe zu stecken, damit sie nicht mehr schießen."

Der Zweite Weltkrieg und die deutsche Teilung

1939 überfiel das nationalsozialistische Deutschland Polen und danach noch viele weitere Länder in Europa. Außerdem begingen die Deutschen in den besetzten Ländern viele Kriegsverbrechen und ermordeten Millionen von Juden. Der Zweite Weltkrieg wurde in Europa durch die Niederlage Deutschlands 1945 beendet. Die Siegermächte USA, Sowjetunion, Frankreich und Großbritannien teilten Deutschland in vier besetzte Gebiete auf. Der amerikanische, der französische und der britische Teil wuchsen zusammen und bildeten ab 1949 die Bundesrepublik Deutschland (BRD). Aus dem sowjetischen Teil wurde im selben Jahr die Deutsche Demokratische Republik (DDR). Beide deutschen Staaten standen sich bis 1989 ziemlich feindselig gegenüber. Doch dann sorgten die Menschen in der DDR, die eine Diktatur war, für eine Revolution in ihrem Land. Viele von ihnen forderten auch die Wiedervereinigung, den Zusammenschluss mit der BRD. Dort ging es den Menschen auch wirtschaftlich besser. 1990 wurde das Gebiet der DDR Teil der BRD. Zusammen bilden sie die 16 Bundesländer, die wir heute kennen.

Mohn gegen Gewalt

Die Commonwealth-Mitglieder erinnern immer am 11. November an eine wichtige Schlacht in Flandern im Ersten Weltkrieg (1914–1918). Der Tag wird Remembrance Day (Erinnerungstag) oder Poppy Day (Mohnblumentag) genannt. Viele Menschen tragen eine kleine rote Mohnblume, womit sie der Gefallenen des Kriegs gedenken. Sie verweist auf die Klatschmohnfelder, die zwischen den Gräbern auf dem Schlachtfeld in Flandern wuchsen. Der kanadische Offizier John McCrae hat diese Felder in seinem berühmten Gedicht *In Flanders Fields* beschrieben:

Auf Flanderns Feld Mohnblumen blühn
wo Kreuze, Reih an Reih, sich ziehn,
dort liegen wir; am Himmel hoch
die Lerche fliegt, singt tapfer, doch
im Lärm der Schlacht hört keiner sie. (…)

Diktats- und Verständigungsfrieden

Bei einem Diktats- oder Siegfrieden wird ein Friedensvertrag nur von der Siegerseite verfasst. Der Unterlegene hat kein Mitspracherecht. Beim Verständigungsfrieden planen beide Parteien die Friedenszeit. Friedensverträge ohne „Versöhnung" wie der Diktatfrieden bergen leider die Gefahr, dass wieder Krieg ausbricht, weil sich ein Land schlecht behandelt fühlt. Oder die Bedingungen für das besiegte Land unerträglich sind.

EIN FRIEDLICHES FEST

Dieses Jahr wird Weihnachten ganz anders als sonst, denn Oleg und seine Mama werden bei Familie Strudel sein. Olegs Papa ist noch in ihrer vom Krieg beherrschten Heimat.
„Das ist sehr bedrückend. Da werden wir die beiden trösten müssen", sagt Oma. Sie backt schon Plätzchen und hat bereits einige Pakete für Bedürftige zusammengestellt.
„Vielleicht lenkt es uns alle ein wenig von der schwierigen Situation ab, wenn wir an Weihnachten bei der Essensausgabe für Obdachlose helfen?", meint Papa, der diese Veranstaltung für die Stadt organisiert. Anna, die dabei schon einmal geholfen hat, stimmt zu: „Gute Idee. Es ist ein gutes Gefühl zu helfen!"
Oma lächelt. „Gute Laune, Hilfsbereitschaft und Freundlichkeit sind der Schlüssel für das Fest des Friedens!"

Fest des Friedens

**Weihnachten wird von den Christen auch das Fest des Friedens genannt. Und wenn wir uns an Weihnachten etwas schenken, ist das eine Geste, die aus dem Barmherzigkeitsgedanken entstanden ist: das heißt, anderen, die nicht so viel haben, etwas abzugeben.
Heute spenden die Menschen besonders an Weihnachten gern für wohltätige Zwecke. Anderen etwas Gutes zu tun, hat in vielen Ländern Tradition. Die Geste des Spendens gibt es auch in anderen Weltreligionen.**

KLEINE UND GROSSE EREIGNISSE

Oleg ist traurig. Da hat Anna eine Idee. „Ihr könntet helfen Tierfutter an die Bedürftigen zu verteilen. Wir haben nach einem Spendenaufruf ganz viel Futter bekommen. Das ist immer so eine Freude, wenn die Menschen ihren vierbeinigen Freunden ein Extraleckerli geben können."
Oleg ist begeistert, aber Leon verzieht das Gesicht. „Es ist immer so kalt bei der Abgabestelle!"
„Denk an die Leute, die immer auf der Straße leben!", sagt Oma. „Ihr könnt euch ja danach bei der Tiersegnung in der Kirche wieder aufwärmen. Das ist ein ganz besonderer Gottesdienst, in den alle Besucher ihre Tiere mitbringen. Vor der Kirche nimmt sogar die Reiterstaffel der Polizei an der Segnung teil."

John Lennon

(1940–1980) war einer der Gründer der Beatles. Mit seiner Frau Yoko Ono veranstaltete er in den 1960er-Jahren Happenings für den Weltfrieden. Sein Lied *Imagine* gilt bis heute als Friedenssong.

Lennon

Bekanntestes Weihnachtslied

ist *Stille Nacht, heilige Nacht*. Erfunden haben es Pfarrer Joseph Mohr und der Organist Franz Xaver Gruber. Die Uraufführung war am 24. Dezember 1818 in Oberndorf bei Salzburg. Seither wurde es in 320 Sprachen und Dialekte übersetzt und gilt als Welt-Friedenslied. Seit 2011 ist es immaterielles Kulturerbe der UNESCO.

Anderen die Hand reichen

In vielen Gemeinden und Städten gibt es an Weihnachten den Brauch, die Bedürftigen zu einem gemeinsamen Festmahl einzuladen. Oft veranstalten das Wohlfahrtsverbände und Kirchen. Die Bürgermeister*innen kommen und servieren das Essen. Diese Geste soll zeigen: Wir sind eine Gemeinschaft, die aufeinander aufpasst. Es ist gelebter sozialer Frieden.
Auch der Handschlag, mit dem man sich begrüßt, ist eine Geste des Friedens. In manchen Kulturen legt man auch die Hand aufs Herz oder verbeugt sich mit aneinander gelegten Handflächen. All diese Begrüßungsrituale sollen eine friedliche Stimmung symbolisieren.

Amnestie

In vielen Ländern werden zu Weihnachten oder zum Jahresende Haftstrafen erlassen. Auch das ist eine Geste, die sozialen Frieden sichern soll. Man nennt das Amnestie, was auf Altgriechisch „Hafterlass" heißt.

Der Weihnachtsfrieden von Ypern

1914, im ersten Jahr des Ersten Weltkriegs, kam es am 24. Dezember in Flandern zu einem Waffenstillstand zwischen rund 100 000 Briten und Deutschen. Jedes Land konnte ohne Gefahr seine Verletzten und Toten bergen. Die Soldaten der verfeindeten Länder begannen sogar, sich miteinander zu unterhalten. Es wurde ein gemeinsamer Gottesdienst gefeiert.

Weihnachtsfrieden der Behörden

Das ist die inoffizielle Bezeichnung, wenn Finanzämter und Gerichte rund um die Feiertage keine Gerichtsurteile, Forderungen und schlimme Ankündigungen verschicken. Allerdings können das die Gemeinden selbst entscheiden. Papa Strudel hält sich aber in seinem Rathaus dran: An Weihnachten werden nur liebe Briefe und Glückwünsche verschickt!

„Es geht um die Kinder"

So schrieb es die Journalistin Jella Lepmann (1891–1970) im Vorwort des weltberühmten Buchs *Die Konferenz der Tiere* von Erich Kästner (1899–1974). Die Idee zu diesem Buch stammte von ihr. Darin kommen alle Tiere der Welt zusammen, um zu beratschlagen, wie sie den Frieden unter den Menschen schaffen könnten. Als sie merken, dass die Menschen nicht zuhören, haben sie eine geniale Idee: nämlich für kurze Zeit den Menschen das Liebste zu entziehen, was sie haben: ihre Kinder!

GLOSSAR

Abkommen: Formeller Vertrag, in dem Übereinkünfte – wie Bündnisse, das Ende von Feindseligkeiten oder Handelsabsprachen – zwischen zwei oder mehr Staaten festgehalten werden.

Aktivist*in: Eine Person, die öffentlich protestiert oder demonstriert, weil sie soziale oder politische Veränderungen erreichen will.

Atomwaffen: (auch: Nuklearwaffen) Bomben, die enorme Energiemengen freisetzen und dadurch ganze Städte vernichten. Am Ende des Zweiten Weltkriegs wurden durch Atombomben zwei japanische Städte zerstört, wobei sehr viele Zivilisten starben.

Aufklärung: Eine Epoche geistiger und sozialer Reformen im Europa des 17. und 18. Jh., in der religiöse, politische und wissenschaftliche Lehren stark infrage gestellt wurden und die Vernunft zum Mittel von Erkenntnis erklärt wurde.

Deutsche Demokratische Republik (DDR): Die DDR entstand nach dem Zweiten Weltkrieg (1949) aus der damaligen sowjetischen Besatzungszone. Das war der östliche Teil Deutschlands (heute Brandenburg, Mecklenburg-Vorpommern, Sachsen, Sachsen-Anhalt und Thüringen), der vorher unter der Verwaltung der Sowjetunion stand.

Demokratie: Eine Regierungsform, in der die Macht durch vom Volk gewählte Vertreter (Repräsentanten) ausgeübt wird.

Diktatur: Herrschaftsform, bei der ein Alleinherrscher (Diktator) uneingeschränkte Macht innehat und diese einsetzt, um das Volk zu unterdrücken.

Exil: Langfristiger Aufenthalt in einem anderen Land als dem Heimatland, das eine Person verlassen musste, weil sie dort durch den Staat verbannt, ausgebürgert oder verfolgt wurde.

Flüchtling: Person, die sich gezwungen sieht, aus dem Land zu fliehen, dessen Staatsangehörigkeit sie besitzt. Es gibt viele Gründe für Flucht, darunter politische oder religiöse Verfolgung, die Zugehörigkeit zu einer bestimmten sozialen Gruppe, Armut oder Naturkatastrophen.

Friedensvertrag: Ein Abkommen, das einen militärischen Konflikt zwischen verschiedenen Ländern beendet.

Grundrechte: Rechte aller Menschen in einem Land, also Regeln zum friedlichen Zusammenleben. Dazu gehören in Deutschland zum Beispiel die Meinungsfreiheit oder das Recht auf Schulbildung.

Kolonialherrschaft: Herrschaft einer ausländischen Staatsmacht in einem Gebiet (Kolonie), das politisch und wirtschaftlich abhängig gemacht wird. Die Herrschaft geht meist mit der gewaltsamen Unterwerfung der dortigen Bevölkerung einher.

LGBTQI+-Personen: Ein Sammelbegriff, der sich aus englischen Anfangsbuchstaben zusammensetzt. Er steht für Lesbian/Lesbisch, Gay/Schwul, Bisexual/Bisexuell, Trans, Queer und Intersex. Das Plus am Ende steht für andere, nicht genannte Sexualitäten.

Menschenrechte: Grundlegende Rechte, die jedem Menschen zustehen, zum Beispiel das Recht auf Sicherheit.

Nationalsozialismus: Die Zeit von 1933 bis 1945, in der die Nationalsozialistische Deutsche Arbeiterpartei (kurz NSDAP) die einzige zugelassene Partei in Deutschland war. Die „Nazis" grenzten Menschen aus, verfolgten und ermordeten Millionen.

Parlament: Eine Versammlung der Legislative eines Landes, die in Deutschland zum Beispiel aus zwei Kammern besteht: Bundestag und Bundesrat.

Pazifismus, Antimilitarismus: Die Ablehnung jeglicher Form von Gewalt. Mahatma Gandhi, der für ein unabhängiges Indien kämpfte, war einer der bekanntesten Pazifisten.

Rechtsstaat: Ein Staat, der sich verpflichtet, nur im Rahmen von bestehenden Gesetzen zu regieren. Dadurch werden die Bürger*innen vor staatlicher Willkür, Diskriminierung und Menschenrechtsverletzungen geschützt.

Revolution: Ein rascher, grundlegender und häufig auch mit Gewalt herbeigeführter Wandel der bestehenden gesellschaftlichen, politischen oder wirtschaftlichen Verhältnisse.

Politik: Politik regelt das Zusammenleben von Bürger*innen und Staaten. Gemeint sind damit zum Beispiel Entscheidungen, die gesellschaftliche oder wirtschaftliche Veränderungen bewirken, und Angelegenheiten, die die Regierung oder internationale Beziehungen betreffen.

Solidarität: Wenn Menschen öffentlich zeigen, dass sie mit anderen Menschen mitfühlen und ihre Forderungen und Proteste unterstützen.

Stoiker: Menschen, die sich um das 3. Jhd. v. Chr. mit der philosophischen Strömung der Shoa identifizierten. Für die Stoiker wird der Zustand von Glück durch ein tugendhaftes Leben erlangt.

Theologie: Die Lehre von Gott und den religiösen Glaubenssystemen. Personen, die Theologie studiert haben, werden Theologen und Theologinnen genannt.

Terroranschlag: Der kriminelle Einsatz von Gewalt gegen die Staatsbürger, meist aus politischen, ideologischen oder religiösen Gründen.

Verfassung: Gesamtheit aller Regeln über die Staatsform und Aufgaben der Staatsorgane. Die Verfassung beschreibt auch die Grundrechte der Menschen.

Völkerrecht: Gesetze, die das Verhältnis unter den Staaten der Welt beschreiben. Das Völkerrecht besteht aus vielen Verträgen und beinhaltet das Friedensrecht und Kriegsrecht. Genau beschrieben wird, welche Rechte und Pflichten die Staaten im Frieden und im Krieg haben. Grundlage dafür sind die Verfassung der Vereinten Nationen aus dem Jahr 1945 (UN-Charta) und die Menschenrechte. Länder, die zur Völkerrechtsgemeinschaft gehören, haben diese Verträge unterzeichnet.

Weltkrieg: Von einem „Weltkrieg" spricht man, wenn viele Staaten beteiligt sind und sich die Kämpfe über die ganze Welt erstrecken. Millionen von Menschen sind daran beteiligt. Im letzten Jahrhundert gab es zwei Weltkriege, den Ersten Weltkrieg (1914-1918) und den Zweiten Weltkrieg (1939-1945).

REGISTER

A
Abrüstung 47
Antimilitarismus 58, 59
Aquin, Thomas von 64
Atomwaffen 27, 47, 59, 67, 69

B
Belagerung 8
Brandt, Willy 5,14, 67
Brüderlichkeit 61, 67
***Bürgerliches Gesetzbuch* (BGB)** 31, 37
Bürgerrechtsbewegung 27

C/D
Clausewitz, Carl von 43
Cybermobbing 12
de Gouge, Olympe 61
Deeskalation 11
Demo(-nstration)6, 7, 22, 26, 27, 58, 59, 69
Demokratie 7,19, 23, 26, 36, 59, 65, 67
DiCaprio, Leonardo 55
Diktatur 21, 26, 27, 75
Diplomatie 24, 38, 39, 40, 43, 51, 57
Diplomat*in 39, 41
Dunant, Henry 67

E
Ebadi, Shirin 67
Engels, Friedrich 61
Eskalation 10, 17, 42
Europäischer Gerichtshof 50, 53
Europäische Union 35, 37, 53
Exekutive 36, 53

F
Freiheit 6, 26, 27, 32, 35, 50, 61, 67, 71
Fridays for Future 27
Friedensbewegung 27, 47, 58, 59
Friedensbotschafter*in 54, 55
Friedensnobelpreis 25, 45, 48, 57, 58, 66, 67
Friedenstruppen (Blauhelme) 40, 45
Friedensvertrag von Versailles 49, 57

G
Gandhi, Mahatma Karamchad 5, 27, 58, 63
Geflüchtete*r, Flüchtling 7, 8, 22, 67
Gemeinschaft 6, 10, 11, 30, 31, 38, 49, 53, 69, 77
Gericht 14, 34, 36, 42, 50, 51, 53, 77
Gesetz 26, 27, 30, 31, 32, 33, 34, 35, 36, 37, 42, 43, 45, 46, 58, 64, 68, 69
Gewalt 5, 9, 10, 12, 23, 26, 28, 29, 32, 33, 34, 36, 40, 42, 43, 47, 49, 50, 59, 60, 63, 69, 74, 75
Gleichberechtigung 35, 60, 61, 68
Gleichheit 35, 61, 67, 68
Goodall, Jane 55
Gorbatschow, Michail 67
Grundgesetz 26, 27, 35, 43, 45, 69
Grundrecht 26, 33, 35

H
Harmonie 18, 24, 38, 39, 49
Hass 10,11, 12, 13, 43
Hilfsorganisationen 8
Hobbes, Thomas 64
(Humanitäre) Hilfe 8, 9, 17, 28, 29, 45, 52, 53, 54, 55, 62, 65, 69, 71, 72, 73, 74
Hunger 16, 24, 52, 53, 55, 58, 59, 60, 61, 71

I/J
Internationaler Strafgerichtshof (Den Haag) 42, 51, 53, 54
Judikative 36, 53

K
Kalter Krieg 41, 47, 70
Kant, Immanuel 50, 64
Kapitalismus 59
Kinderrechte 32, 55
Kindersoldat*in 44
King, Martin Luther 48, 55, 67
Klima 21, 22, 27, 55, 58, 67, 70, 71, 73
Kolonialherrschaft 27
Kompromiss 20, 39, 43, 49
Konflikt 13, 15, 16, 20, 38, 40, 41, 40, 42, 43, 48, 49, 53, 56, 57, 63, 65, 74
Krieg 5, 6, 7, 8, 9, 10, 11, 14, 37, 40, 41, 42, 43, 44, 46, 47, 48, 49, 50, 51, 54, 55, 56, 57, 58, 59, 61, 62, 63, 64, 65, 69, 70, 71, 73, 74, 75, 76, 77

L/M/N
Legislative 36, 53
Lennon, John 11, 48
Mandela, Nelson 65
Marx, Karl 61
Menschenrecht 32, 45, 50, 53, 54, 55, 61, 65, 67
Mutter Theresa 25
Nationalsozialismus 51, 70
Nobel, Alfred 66

P
Parlament 26, 36, 37, 53
Pazifismus 58, 59
Politik 23, 24, 34, 40, 43, 48, 52, 57, 58, 67
Präsident*in 8, 21, 35, 37, 57, 65

R
Regierung 26, 35, 36, 37, 39, 41, 46, 51, 52
Religion 6, 16, 23, 35, 43, 62, 63, 74, 76
Revolution 26, 27, 59, 61, 62, 75
Russell, Bertrand 65

S/T
Sandburg, Carl 64
Sanktion/Embargo/Boykott 51, ***Boykott auch*** 59
Scham 13, 15, 30, 56
Selbstverteidigung 28, 32
Solidarität 68, 69, 8, 9, 26
Streitschlichter*in 7, 10, 11, 13, 14
Suttner, Bertha von 58, 59, 66, 67
Suu Kyi, Aung San 65, 67
Thoreau, Henry David 58
Toleranz 65, 69, 22, 23
Trauma 9, 17

U/V/W
Ukraine 8, 9, 11, 46, 59, 71
UN/UNO 32, 53, 54
Unfrieden 6, 7, 18, 22, 49, 52, 60, 65
Ungerechtigkeit 10, 13, 52, 54, 60, 61, 65
Verbrechen 14, 34, 37, 42, 50, 51, 75
Vereinte Nationen 23, 39, 40, 43, 45, 50, 51, 52, 53, 54
Verfassung 26, 35
Vergebung 16, 48
Versöhnung 13, 16, 67
Vertrag (Friedens-/Waffenstillstands-) 6, 21, 43, 47, 48, 49, 51, 56, 57, 64, 75
Völkermord 43, 51
Völkerrecht 37, 42, 50, 51, 53, 57
Wehrpflicht 45
Weltfrieden 24, 48, 50, 53, 54, 70, 71
Weltkrieg (Erster, Zweiter) 14, 40, 42, 43, 46, 48, 49, 51, 53, 57, 59, 70, 74, 75
Wonder, Stevie 55
Yousafzai, Malala 55
Ziviler Ungehorsam 58
Zivilist*in 42, 43, 50, 51, 59

DANK, BILD- UND ZITATNACHWEIS:

Der Verlag dankt folgenden Personen und Institutionen für die freundliche Genehmigung für den Abdruck von Bildern:
(Abkürzungen: o = oben, u = unten, m = Mitte, l = links, r= rechts, g = ganz)
4 Dreamstime.com: Ernest Akayeu (u). **6 Dreamstime.com:** Mpagina. **7 Dreamstime.com:** Ernest Akayeu. **8 Dreamstime.com:** Ajijchan (ul); Ernest Akayeu (mru, ur). **9 Dreamstime.com:** Ernest Akayeu (gol, ol/Leon, mlo); Ssstocker (ul). **Getty Images / iStock:** Big_and_serious (ur). **10 Dreamstime.com:** Ernest Akayeu (ugr). **11 Dreamstime.com:** Ernest Akayeu (mogl, mlo, mo). **Shutterstock.com:** Golden_Bura (u). **12-13 Dreamstime.com:** Vatrushka67 (u). **14 Dreamstime.com:** Ernest Akayeu (mr). **15 Dreamstime.com:** Pavlo Syvak. **16-17 Dreamstime.com:** Evgenii Naumov. **19 Shutterstock.com:** Nadia Snopek. **20 Dreamstime.com:** Ernest Akayeu. **21 Shutterstock.com:** Yellow_man (u). **22 Dreamstime.com:** Ernest Akayeu (ugr, ur). **23 Shutterstock.com:** Olga Caramela (or). **24 Shutterstock.com:** GoodStudio (ur). **25 Shutterstock.com:** klyaksun. **27 Shutterstock.com:** Tanya Antusenok. **28 Dreamstime.com:** Ernest Akayeu (mro). **Shutterstock.com:** graphicwithart (ur). **29 Shutterstock.com:** Maria_Petrishina. **30-31 Dreamstime.com:** Seahorse Vector (u). **33 Shutterstock.com:** GoodStudio. **34 Dreamstime.com:** Yaroslav Borysovych (ur). **35 Shutterstock.com:** GoodStudio (u). **36 Shutterstock.com:** Nicoleta Ionescu (ur). **37 Getty Images / iStock:** VectorMine (u). **38 Shutterstock.com:** SurfsUp. **39 Shutterstock.com:** Inspiring. **40 Shutterstock.com:** BRO.vector (ur). **41 Shutterstock.com:** Ivanov Alexey. **43 Dreamstime.com:** VectorMine. **44 Dreamstime.com:** Pavel Naumov (ur). Shutterstock.com: ONYXprj (um). **45 Dreamstime.com:** Macrovector. **46 Shutterstock.com:** ONYXprj (ul). **47 Shutterstock.com:** Ayunannas. **48-49 123RF.com:** ssstocker (um). **49 Dreamstime.com:** Pavel Stasevich (go). **50-51 Shutterstock.com:** Inspiring (u). **52 Dreamstime.com:** VectorMine (u). **53 Dreamstime.com:** Ernest Akayeu (ur); Alla Kuzmenko (go). **54 Shutterstock.com:** Volha Hlinskaya (u). **55 Dreamstime.com:** Ernest Akayeu (ul). **56 Dreamstime.com:** Nadezhda Vinogradova. **59 Dreamstime.com:** Knstart (gor). **62 Dreamstime.com:** Ernest Akayeu (mro); VectorMine (u). **63 Dreamstime.com:** VectorMine. **66-67 Dreamstime.com:** Friziofriziofrizio (Hintergrund). **68 Getty Images / iStock:** Elena Staroverova (ur). **69 Getty Images / iStock:** lemono (go). **70 Dreamstime.com:** Hanna Siamashka (u). **71 Dreamstime.com:** Ernest Akayeu (u). **72 Dreamstime.com:** Bazuzza (u). **73 Dreamstime.com:** Pavlo Syvak. **74 Shutterstock.com:** SazidGraphics. **75 Getty Images / iStock:** Dmytro Robu (u). **77 Shutterstock.com:** Ardea-studio.

Cover: *Vorn:* **Dreamstime.com:** Nadezhda Vinogradova; *Hinten:* **Dreamstime.com:** Ernest Akayeu.

Alle anderen Illustrationen sind von Christine Paxmann.

Der Verlag hat sich bemüht, alle Rechteinhaber*innen ausfindig zu machen. Eventuelle Auslassungen werden wir bei entsprechendem Hinweis gern zu einer späteren Auflage korrigieren. Wenn nicht anders angegeben, wurden die Zitate frei übersetzt.

S.5: Zitat 1: Immanuel Kant, zitiert aus *Zum ewigen Frieden. Ein philosophischer Entwurf* (Friedrich Nicolovius, Königsberg 1. Aufl. 1795, S. 104 und Frankfurt und Leipzig, Neue vermehrte Aufl. 1796, S.112).
Zitat 2: Marcus Tullius Cicero, zitiert aus Klaus Schäfer (2022) *Aufruf zum Frieden denn Frieden ist möglich* (https://epub.uni-regensburg.de/52014/2/Frieden22kl.pdf) (25.04.2023).
Zitat 3: Astrid Lindgren, zitiert aus *Ansprachen anlässlich der Verleihung des Friedenspreises des Deutschen Buchhandels* (1978) (http://niemals-gewalt.de/rede.htm) (24.04.2023).
Zitat 4: Antoine de Saint-Exupéry, zitiert aus *Die Stadt in der Wüste* (Gesammelte Schriften Band 2, Karl Rauch Verlag, 3. Aufl., Düsseldorf 1985, S. 94).
Zitat 5: Mahatma Gandhi, zitiert von Bundeszentrale für politische Bildung (2017) (https://www.bpb.de/die-bpb/presse/250531/es-gibt-keinen-weg-zum-frieden-frieden-ist-der-weg/) (24.04.2023).
Zitat 6: Jean Paul (1808), zitiert aus *Friedens-Predigt an Deutschland* (Universitäts Verlag, 1. Aufl., Freiburg 2008).
Zitat 7: Dietrich Bonhoeffer, zitiert aus Dirk Schulz (Hrsg.) *Illegale Theologenausbildung: Sammelvikariate* 1937-1940 (Dietrich Bonhoeffer Werke (DBW) - Band 15, Gütersloher Verlagshaus, Gütersloh 2019, S. 272)
S.25: Mutter Theresa (Agnes Gonxha Bojaxhiu), zitiert von Evangeliums.net - Das Online-Portal für Christen (https://www.evangeliums.net/) (24.04.2023).
S.43: Carl von Clausewitz, zitiert aus Wolfgang Pickert und Wilhelm Ritter von Schramm (Hrsg.) *Vom Kriege* (Rowohlt Taschenbuch, Hamburg 1963, S. 22).
S.64: Carl Sandburg, übersetzt aus *The People, Yes* (Harcourt, Brace & Company, San Diego 1936)
S.65: Nelson Mandela, zitiert und übersetzt aus seiner Rede *No Easy Walk to Freedom* (African National Congress, Transvaal 1953) (http://www.columbia.edu/itc/history/mann/w3005/mandela01.html) (02.05.2023).
S.75: John McCrae, *In Flanders fields* (1915) übersetzt von Bertram Kottmann (https://gedichte.xbib.de/McCrae,+John_gedicht_Auf+Flanderns+Feld.htm) (24.04.2023).

KENNST DU SCHON DIESE BÜCHER?

978-3-8310-4683-6
Ab 10 Jahren

978-3-8310-4326-2
Ab 8 Jahren

978-3-8310-4207-4
Ab 10 Jahren

978-3-8310-4130-5
Ab 10 Jahren

www.dk-verlag.de